文库

丛书主编

郑毅

松漠纪闻
扈从东巡日录

宋·洪皓　清·高士奇　撰

翟立伟　标注

陈见微　点校

吉林文史出版社

图书在版编目（CIP）数据

松漠纪闻 / (宋) 洪皓撰；翟立伟标注.
扈从东巡日录 / (清) 高士奇撰；陈见微点校
. -- 长春：吉林文史出版社，2022.9
（长白文库）
ISBN 978-7-5472-8961-7

Ⅰ.①松… ②扈… Ⅱ.①洪… ②高… ③翟… ④陈
… Ⅲ.①东北地区—地方史 Ⅳ.①K293

中国版本图书馆CIP数据核字(2022)第178777号

松漠纪闻

SONG MO JIWEN

撰：（宋）洪　皓

标　　注：翟立伟

扈从东巡日录

HUCONG DONG XUN RI LU

撰：（清）高士奇

点　　校：陈见微

出 品 人：张　强

丛书主编：郑　毅

副 主 编：李少鹏

责任编辑：吕　莹

装帧设计：尤　蕾

封面设计：王　哲

出版发行：吉林文史出版社有限责任公司

电　　话：0431-81629369

地　　址：长春市福祉大路出版集团A座

邮　　编：130117

网　　址：www.jlws.com.cn

印　　刷：吉林省优视印务有限公司

开　　本：170mm×240mm　1/16

印　　张：7.25

字　　数：200千字

版　　次：2022年9月第1版　2022年9月第1次印刷

书　　号：ISBN 978-7-5472-8961-7

定　　价：88.00元

"长白文库"总序

中华优秀传统文化是中华民族的"根"和"魂",习近平总书记高度重视中华优秀传统文化,并将其作为治国理政的重要思想文化资源。"不忘本来才能开辟未来,善于继承才能更好创新。""优秀传统文化是一个国家、一个民族传承和发展的根本,如果丢掉了,就割断了精神命脉。"中华优秀传统文化具有多样性和地域性等特征,东北地域文化是多元一体的中华文化中的重要组成部分。吉林省地处东北地区中部,是中华民族世代生存融合的重要地区,素有"白山松水"之美誉,肃慎、扶余、东胡、高句丽、契丹、女真、汉族、满族、蒙古族等诸多族群自古繁衍生息于此,创造出多种极具地域特征的绚烂多姿的地方文化。为了"弘扬地方文化,开发乡邦文献",自20世纪80年代起,原吉林师范学院李澍田先生积极响应陈云同志倡导古籍整理的号召,应东北地区方志编修之急,服务于东北地方史研究的热潮,遍访国内百余家图书馆寻书求籍,审慎筛选具有代表性的著述文典300余种,编撰校订出版以"长白丛书"(以下简称"丛书")为名的大型东北地方文献丛书,迄今已近40载。历经李澍田先生、刁书仁和郑毅两位教授三任丛书主编,数十位古籍所前辈和同人青灯黄卷、兀兀穷年,诸多省内外专家学者的鼎力支持,"丛书"迄今已共计整理出版了110部5000余万字。"丛书"以"长白"为名,"在清代中叶以来,吉林省疆域迭有变迁,而长白山钟灵毓秀,巍然耸立,为吉林名山,从历史上看,不咸山于《山海经·大荒北经》中也有明确记录,把长白山当作吉林的象征,这是合情合理的。"("长白丛书"初版陈连庆先生序)

1983年吉林师范学院古籍研究所(室)成立,作为吉林省古籍整理与研究协作组常设机构和丛书的编务机构,李澍田先生出任所长。全国高校古籍整理工作委员会、吉林省教委和省财政厅都给予了该项目一定的支持。李澍田先生是"丛书"的创始人,他的学术生涯就是"丛书"的创业史。"丛书"能够在国内外学界有如此大的影响力,与李澍田先生的敬业精神和艰辛努力是分不开的。"丛书"创办之始,李澍田先生"邀集吉、长各地的中青年同志,乃至吉林的一些老同志,群策群力,分工合作"(初版陈序),寻访底本,凤兴夜寐逐字校勘，联络印刷单位、寻找合作方，因经常有生僻古字，先生不得不亲自到车间与排版工人拼字铸模；吉林文史出版社于永玉先生作为"丛书"的第一任责编，殚精竭虑地付出了很多努力，为"丛书"的完成出版作出了突出贡献；原古籍所衣兴国等诸位前辈同人在辅助李澍田先生编印"丛书"的过程中，一道解决了遇到的诸多问题、排除了诸多困难，是"丛书"草创时期的重要参与者。"丛书"自 20 世纪 80 年代出版发行以来，经历了铅字排版印刷、激光照排印刷、数字化出版等多个时期，"丛书"本身也称得上是改革开放以来中国印刷史的见证。由于"丛书"不同卷册在出版发行的不同历史时期，投入的人力、财力受当时的条件所限，每一种图书的质量都不同程度留有遗憾，且印数多则千册、少则数百册，历经数十年的流布与交换，有些图书可谓一册难求。

1994 年，李澍田先生年逾花甲，功成身退，由刁书仁教授继任"丛书"主编。刁书仁教授"萧规曹随"，延续了"丛书"的出版生命，在经费拮据、古籍整理热潮消退、社会关注度降低的情况下，多方呼吁，破解困局，使得"丛书"得以继续出版，文化品牌得以保存，其功不可没。1999 年原吉林师范学院、吉林医学院、吉林林学院和吉林电气化高等专科学校合并组建为北华大学，首任校长于庚蒲教授力主保留古籍所作为北华大学处级建制科研单位，使得"丛书"的学术研究成果得以延续保存。依托北华大学古籍所发展形成的专门史学科被学校确定为四个重点建设学科之一，在东北边疆史地研究、东北民族史研究方面形成了北华大学的特色与优势。

2002 年，刁书仁教授调至扬州大学工作，笔者当时正担任北华大学图书馆馆长，在北华大学的委托和古籍所同人的希冀下，本人兼任古籍所所长、"丛书"主编。在北华大学的鼎力支持下，为了适应新时期形势的发展，出于拓展古籍研究所研究领域、繁荣学术文化、有利于学术交流以及人才培养工作的实际需要，原古籍研究所改建为东亚历史与文献研究中心，在保持原古籍整理与研究的学术专长的同时，中心将学术研究的视野和交流渠道拓展至东亚地域范围。同时，为努力保持"丛书"的出版规模，我们以出文献精品、重学术研究成果为工作方针，确保"丛书"学术研究成果的传承与延续。

在全方位、深层次挖掘和研究的基础上，整套"丛书"整理与研究成果斐然。"丛书"分为文献整理与东亚文化研究两大系列，内容包括史料、方志、档案、人物、诗词、满学、农学、边疆、民俗、金石、地理、专题论集 12 个子系列。"丛书"问世后得到学术界和出版界的好评，"丛书"初集中的《吉林通志》于 1987 年荣获全国古籍出版奖，三集中的《东三省政略》于 1992 年获国家新闻出版总署全国古籍整理图书奖，是当年全国地方文献中唯一获奖的图书。同年，在吉林省第二届社会科学成果评奖中，全套丛书获优秀成果二等奖，并被国家新闻出版总署列为"八五"计划重点图书。1995年《中国东北通史》获吉林省第三届社会科学优秀成果二等奖。2005年，《同文汇考中朝史料》获北方十五省（市、区）哲学社会科学优秀图书奖。

"丛书"的出版在社会各界引起很大反响，与当时广东出现的以岭南文献为主的《岭南丛书》并称国内两大地方文献丛书，有"北有长白，南有岭南"之誉。吉林大学金景芳教授认为"编辑'长白丛书'的贡献很大，从'辽海丛书'到'长白丛书'都证明东北并非没有文化"。著名明史学者、东北师范大学李洵教授认为："《长白丛书》把现在已经很难得的东西整理出来，说明东北文化有很高的水准，所以丛书的意义不只在于出了几本书，更在于开发了东北的文化，这是很有意义的，现在不能再说东北没有文化了。"美国学者杜赞奇认为"以往有关东北方面的材料，利用日文资料很多。而现在中文的'长白丛书'则很有利于提高中国东北史的研究"（在"长白丛书"出版十周年纪念会上的发言）。中国社会科学院边疆史地研究中心主任厉声研究员认为："'长白丛书'已经成为一个品牌，与西北研究同列全国之首。"（1999年12月在"长白丛书"工作规划会议上的发言）目前，"长白丛书"已被收藏于日本、俄罗斯、美国、德国、英国、加拿大、澳大利亚、韩国及东南亚各国多所学府和研究机构，并深受海内外史学研究者的关注。

为了更好地传承和弘扬优秀地域文化，再现"丛书"在"面向吉林，服务桑梓"方面的传统与特色，2010年前后，我与时任吉林文史出版社社长的徐潜先生就曾多次动议启动出版《长白丛书精品集》，并做了相应的前期准备工作，后因出版资助经费落实有困难而一再拖延。2020年，以十年前的动议与前期工作为基础，在吉林省省级文化发展专项资金的资助下，北华大学东亚历史与文献研究中心与吉林文史出版社共同议定以《长白丛书》为文献基础，从"丛书"已出版的图书中优选数十种具有代表性的文献图书和研究著述合编为"长白文库"加以出版。

"长白文库"是在新的历史发展时期对"长白丛书"的一种文化传承和创新，"长白丛书"仍将以推出地方文化精华和学术研究精品为目标，延续东北地域文化的文脉。

"长白文库"以"长白丛书"刊印40年来广受社会各界关注的地方文化图书为入选标准，第一期选择约30部反映吉林地域传统文化精华的图书，充分展现白山松水孕育的地域传统文化之风貌，为当代传统文化传承提供丰厚的文化滋养，是一件功在当代、利在千秋的文化盛举。

盛世兴文，文以载道。保存和延续优秀传统文化的文脉，是人文社会科学研究者的社会责任和学术使命，"长白丛书"在创立之时，就得到省内外多所高校诸多学界前辈的关注和提携，"开发乡邦文献，弘扬地方文化"成为 20世纪 80 年代一批志同道合的老一辈学者的共同奋斗目标，没有他们当初的默默耕耘和艰辛努力，就没有今天"长白丛书"这样一个存续 40 年的地方文化品牌的荣耀。"独行快，众行远"，这次在组建"长白文库"编委会的过程中，受邀的各位学者都表达了对这项工作的肯定和支持，慨然应允出任编委会委员，并对"长白文库"的编辑工作提出了诸多真知灼见，这是学界同道对"丛书"多年情感的流露，也是对即将问世的"长白文库"的期许。

感谢原吉林师范学院、现北华大学 40 年来对"丛书"的投入与支持，感谢吉林文史出版社历届领导的精诚合作，感谢学界同人对"丛书"的关心与帮助！

郑　毅

谨序于北华大学东亚历史与文献研究中心

2020 年 7 月 1 日

"长白丛书"序

吉林师范学院李澍田同志，悉心钻研历史，关心乡邦文献，于教学之余，搜罗有关吉林的书刊，上自古代，下迄辛亥，编为"长白丛书"，征序于予，辞不获命。爰缀予所知者书于简端曰：

昔孔子有言："夏礼吾能言之，杞不足征也。殷礼，吾能言之，宋不足征也。文献不足故也，足，则吾能征之矣。"说者以为："文，典籍也。献，贤也。"这是因为文献对于历史研究相辅相成，缺乏必要的文献，历史研究便无从措手。古代文献，如十三经、二十四史之属，久已风行海内外，家传户诵，不虞其失坠，而近代文献往往不易保存。清代学者章学诚对此曾大声疾呼，唤起人们的注意，于其名著《文史通义》中曾详言之。然而，保存文献并不如想象那么容易。贵远贱近，习俗移人，不以为意，随手散弃者有之。保管不善，毁于水火，遭老鼠批判者有之。而最大损失仍与政治原因有关。自清朝末叶以来，吉林困厄极矣，强邻环伺，国土日蹙，先有日、俄帝国主义战争，继有军阀割据，九一八事变后，又有敌伪十四年统治，国土沦陷，生民憔悴。在政权更迭之际，人民或不免于屠刀，图书文物更随时有遭毁弃和掠夺的命运。时至今日，清代文书档案几如凤毛麟角，九一八事变以前书刊也极为罕见。大抵有关抨击时政者最先毁弃，有关时事者则几无孑遗。欲求民国以来一份完整无缺的地方报纸已不可能，遑论其他。

中华人民共和国成立以来，百废俱兴，文教事业空前发展。而中经十年内乱，公私图书蒙受极大损失，断简残篇难以拾缀。吉林市旧家藏书，"文革"期间遭到洗劫，损失尤重。粉碎"四人帮"后，祖国复兴，文运欣欣向荣，在拨乱反正的号召下，由陈云同志倡导，大张旗鼓，整理古籍，一反民族虚无主义积习，尊重祖国悠久文化传统，为振兴中华，提供历史借鉴。值此大好时机，李澍田同志以一片爱国爱乡的赤子之心，广泛搜求有关吉林文史图书，不辞劳苦，历访东北各图书馆，并远走京沪各地，仆仆风尘，调查访问，即书而求人，因人而求书，在短短几年内，得书逾千，经过仔细筛选，择其有代表性者三百种，编为"长白丛书"。盖清代中叶以来，吉林省疆域迭有变迁，而长白山钟灵毓秀，巍然耸立，为吉林名山，从历史上看，不咸山于《山海经·大荒北经》中也有明确记录，把长白山当作吉林的象征，这是合情合理的。

"丛书"中所收著作，以清人作品为最多，范围极其广泛，自史书、方志、游记、档案、家谱以下，又有各家别集、总集之属。为网罗散佚，在宋、辽、金以迄明代的著作之外，又以文献征存、史志辑佚、金石碑传补其不足，取精用宏，包罗万象，可以说是吉林文献的总汇，对于保存文献，具有重大贡献。

回忆酝酿编余之际，李澍田同志奔走呼号，独力支撑，在无人、无钱的条件下，邀集吉长各地的中青年同志，乃至吉林的一些老同志，群策群力，分工合作，众志成城，大业克举。在整理文献的过程中，摸索出一套先进经验，培养出一支坚强队伍。这也是有志者事竟成的一个范例。

我与李澍田同志相处有年，编订此书之际，澍田同志虚怀若谷，对于书刊的搜求，目录的选定等方面多次征求意见。今当是书即将问世之际，深喜乡邦文献可以不再失坠，故敢借此机会聊述所怀。殷切希望读此书者，要从祖国的悲惨往事中，体会爱国家、爱乡土的心情，激发斗志，为"四化"多作贡献。也殷切希望读此书者，能够体会到保存文献之不易，使焚琴煮鹤的蠢事不要重演。

当然，有关吉林的文献并不以汉文书刊为限，在清代一朝就有大量的满文、蒙文的档案和图书，此外又有俄、日、英、美各国的档案和专著，如能组织人力，有计划、有步骤地进行整理，提要钩玄勒成专著，先整理一部分，然后逐渐扩大，这也是不朽的盛业，李君其有意乎？

吉林 陈连庆 谨序

一九八六年五月一日

目 录

扈从东巡日录 松漠纪闻 扈从东巡日录

松漠纪闻

宋·洪　皓　撰

翟立伟  标注

标注说明

《松漠纪闻》是南宋使者洪皓自金国返宋后，根据在金国一十五年的所见所闻而纂成的一部杂史。全书分正续二卷和补遗三部分。该书文字简练，一事一记，对于北国的山川地理、风土习俗、经济物产、礼仪制度及军国大事等多有涉及，是记叙东北故实传世较早的一部书，也是今人研究、考证金史、辽史、东北史、北方民族史必备的参考书。

洪皓（1088—1155），饶州鄱阳（今江西鄱阳）人，字光弼。自幼攻读经史，二十八岁登进士第。初任宁海县主簿、秀州司录。曾因岁涝发廪赈济，又邀留浙东纲米以救饿莩，人称"洪佛子"。建炎三年（1129），高宗赵构为避金兵锋芒，欲由扬州移驻建康（今南京）。洪皓不顾职位卑微，上书谏阻，后因此而受到召见。在召对中，洪皓的才识和辩才深得赵构赏识，于是拜为大金通问使，并连升五级，擢为徽猷阁待制，假礼部尚书。

及至金地，羁留不遣。先在太原留几一年，后来金军统帅粘罕（汉名宗翰）胁迫使仕伪齐刘豫，洪皓严词以拒，险遭不测，结果被流递到冷山。冷山是金尚书左丞相、陈王完颜希尹家族所在地，当今黑龙江省五常市一带。洪皓在冷山经历十年磨难后，于一一四〇年随希尹至燕京。直至一一四三年因金主生子大赦，才被放归。

洪皓身陷金国一十五年，始终不做金官，不仕伪齐，甘愿布衣素食、孑然一身，体现了高尚的民族气节，这在降将如毛、降官如麻的南宋初期，是极为难得的。他在后三年中，还曾冒着极大的风险，九次派人向偏安一隅的南宋小朝廷送去内容相当机密的军事情报。

洪皓于绍兴十三年（1143）八月十四日回到南宋都城临安。按常理，应得到升擢和隆遇，但因性情刚正、仗义执言而忤怒奸相秦桧，旋即于是年九月十一日被贬离朝，出知饶州，在朝时间还不足一月。后来又一再遭到桧党的迫害，直贬至濠州团练副使，安置英州（今广东英德市东），在此居留九年。后因秦桧病笃才渐有转机，始奉准迁居袁州（今江西宜春）。但终因抑郁成疾，于绍兴二十五年（1155）十月二十日在去袁州的途中逝世，终年六十八岁。

洪皓去世后，流言谤语才告消止，恢复了原来官职，加谥号"忠宣"，后来又赠太师、魏国公。洪皓生前颠沛流离，屡遭迫害，纵然在其身后所加的美号再多也属枉然，这只不过是历来封建统治者麻醉世人、收买舆论的惯伎而已。

洪皓有三子：洪适、洪遵、洪迈。俱中进士，均成大器，或居相职，或为学士，"三洪文名满天下"。《宋史》皆有传。

洪皓博学能文，著述甚丰。他在金国被扣期间写下了大量忧国忧民、感事伤时的诗词。还著有《鄱阳集》十卷、《春秋纪咏》三十卷、《辅轩唱和集》三卷、《帝王通要》五卷、《姓氏指南》十卷、《松漠纪闻》二卷、《金国文具录》十卷。惜除后二书外，大都散佚。

《松漠纪闻》的成书情节颇为曲折。据其长子洪适在《跋》中所述，洪皓在金地十五年中，曾将所见所闻随笔纂录。及归，惧为金人搜获，有碍回宋，悉付诸火。后来在岭南被贬期间，趁饭罢闲暇，把在北国的见闻追述一二，他的儿子洪适、洪遵则在旁操觚而记。因当时有私史之禁，故一直秘而未刊。直到洪皓去世后的第二年（1156），长子洪适始为校刊，初镂板于歙越（今安徽歙县），分正、续二卷，正卷三十一事，续卷二十七事。以其所居冷山，金属上京会宁府，在唐松漠都督府地以北，故名此书为《松漠纪闻》。乾道九年（1173），次子洪遵又刻板于建业（今南京市），并添增《补遗》十一事附后。总计六十九事，一万三千字。

该书流传至今已有八百余年，据统计，仅陆续收录该书的丛书就已达十余种。列举如次：

《顾氏文房小说》（嘉靖本，景嘉靖本），《四库全书》《学津讨原》（嘉庆本，景嘉庆本）、《说郛》（宛委山堂本）、《说郛》（商务印书馆本）、《历代小史》《古今逸史》《景印元明善本丛书十种》《旧小说》《四十家小说》《洪氏晦木斋丛书》《豫章丛书》《辽海丛书》。

有如此之多的丛书收录该书，这在很大程度上反映了该书史料价值之高。故而后人编纂的《大金国志》《三朝北盟会编》《辽史》《金史》《金史详校》《金史纪事本末》等著作，对《松漠纪闻》中的史料多有引据。

《松漠纪闻》的版本较多，从中择一善本作为这次标注重刊的底本，至关重要。目前发现最早的校本是安徽泾县洪氏三瑞堂本，亦即《洪氏晦木斋丛书》本，〔清〕洪汝奎辑，清同治至宣统间刊本。它以三本通校而成：一为刊于乾隆五十五年（1790）的鄱阳本；另一为刊于清嘉庆十年（1805）的照旷阁本，亦即《学津讨原》丛书本，〔清〕虞山张海鹏辑；再一为江西临川桂氏家藏影写宋本。此外还参校了《盘洲集》和《三朝北盟会编》。该校本并于书末附校勘者洪佩声所撰"考异"和"考异跋"。

近人胡思敬（1870—1922）所辑《豫章丛书》中的《松漠纪闻》，即以洪氏三瑞堂本为底本。刊成后，用江南图书局（今南京图书馆的前身）所藏元刻本复校一遍，多有不同，遂补校刊记于书末。由此可见，《豫章丛书》本堪称目前所见最为精审的校本。

本次对《松漠纪闻》一书进行校注所选用的底本，理所当然地采用了《豫章丛书》本，并以《辽海丛书》本（此书基本仿刻照旷阁本）通校，以《三朝北盟会编》本参校。对相异之处，直接纳入校注中，不再出校勘记，以避免与胡思敬所作校勘记相淆。

该书的史料价值很高，不可忽视，但因书中所含传闻成分较多，况又属追忆成书，这样就难免出现疏忽，甚至真赝相参。正如《四库全书提要》所指："仅据传述者笔之于书，不若目击之亲切……又不晓音译，往往讹异失真。"譬如，将辽西楼误作金上京，宗翰误作宗干，太祖子讹鲁观误记作太宗子蒲鲁虎等。关于此书中舛误失实之处，就我本人目力所及，已在注释中标出一些，但因水平所限，再加之时间仓促，不免仍有疏漏，尚希识者补苴之。

本书的标注初稿，承蒙我的授业之师陈连庆教授以及王承礼先生、刘乃中先生、李澍田先生相继审阅，尤为荣幸。还需道及的是，有的注释还得到孙进己先生、张博泉先生的函教。谨此一并致谢。

金 世 系

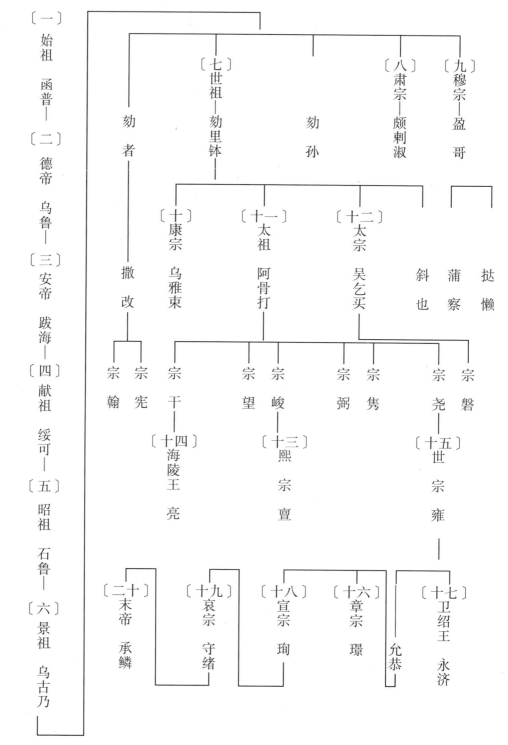

〔一〕始祖 函普 — 〔二〕德帝 乌鲁 — 〔三〕安帝 跋海 — 〔四〕献祖 绥可 — 〔五〕昭祖 石鲁 — 〔六〕景祖 乌古乃

金九代祖名称对照表

世系	庙号	谥号	《纪闻》中称法	《金史》中称法	另名
九代祖	始祖	景元皇帝	龛福	函普	
八代祖		德皇帝	讹鲁	乌鲁	
七代祖		安皇帝	佯海	跋海	
六代祖	献祖	定昭皇帝	随阔	绥可	
五代祖	昭祖	成襄皇帝	实鲁	石鲁	
四代祖	景祖	惠桓皇帝	胡来	乌古乃	
曾祖	世祖	圣肃皇帝	核里颇	劾里钵	
曾叔祖	肃宗	穆宪皇帝	蒲刺束	颇刺淑	
曾季祖	穆宗	孝平皇帝	杨哥	盈歌	字乌鲁完
伯祖	康宗	恭简皇帝	吴刺束	乌雅束	字毛路完
叔祖	太祖	大圣武元皇帝	阿骨打	阿骨打	汉名旻
季祖	太宗	文烈皇帝	吴乞买	吴乞买	汉名晟
今主	熙宗	孝成皇帝	亶	亶	本名合刺

松漠纪闻

宋鄱阳洪皓　撰

女真，即古肃慎国也。东汉谓之挹娄，元魏谓之勿吉[一]，隋唐谓之靺鞨。开皇中[二]，遣使贡献，文帝因宴劳之。使者及其徒起舞于前，曲折皆为战斗之状。上谓侍臣曰："天地间乃有此物，常作用兵意。"其属分六部，有黑水部，即今之女真。其水掬之则色微黑，契丹目为混同江[三]。其江甚深，狭处可六七十步，阔处百余步。唐太宗征高丽，靺鞨佐之，战甚力。驻跸之败[四]，高延寿、高惠真以众及靺鞨兵十余万来降，太宗悉纵之，独坑靺鞨三千人。开元中，其酋来朝，拜为勃利州刺史[五]。遂置黑水府[六]，以部长为都督、刺史，朝廷为置长史监之[七]。赐府都督姓李氏。讫唐世，朝献不绝。五代时，始称女真。后唐明宗时[八]，尝寇登州，渤海击走之。其后避契丹讳[九]，更为女直，俗讹为女质。居混同江之南者，谓之熟女真，以其服属契丹也。江之北为生女真，亦臣于契丹，后有酋豪受其宣命为首领者，号太师[十]。契丹自宾州[十一]、混同江北八十余里建寨以守，予尝自宾州涉江过其寨，守御已废，所存者，数十家耳。

校注：

[一]元魏　即北魏（386—534），因鲜卑族拓跋氏后改姓汉姓元氏，故亦称北魏为元魏。

[二]开皇　隋文帝杨坚的年号。

[三]混同江　北魏、隋唐时称松花江北流段，即今松花江为速末水、粟末水。辽太宗耶律德光破晋（946），始改名混同江，以示天下混同之意。到辽圣宗太平四年（1024）以后，则把今松花江视为一条河流，统称为混同江。

[四]驻跸之败　指发生在唐贞观十九年（645），太宗李世民御驾亲征大败高句丽的一场重要战役，地点在安市(今辽宁省海城南之营城子)附近。据《旧唐书·太宗本纪》载："（十九年）六月丙辰，师至安市城……李勣率兵奋击，

上自高峰引军临之，高丽大溃，杀获不可胜记，延寿等以其众降。因名所幸山为驻跸山，刻石纪功焉。"文中关于坑杀靺鞨兵三千之事，《新唐书·北夷传》亦有记载。

〔五〕勃利州　唐羁縻州，开元十年（722）置，在今俄罗斯境内哈巴罗夫斯克（伯力）一带。

〔六〕黑水府　开元十三年置，辖境相当今黑龙江中下游流域。

〔七〕长史　都督、刺史的副职。

〔八〕后唐明宗　即五代时后唐第二世李嗣源（926—933年在位）。

〔九〕避契丹讳　辽兴宗名耶律宗真（1031—1054年在位）。

〔十〕太师　辽人见唐宋以太师为贵，遂亦以太师为其高官泛称。《金史·世纪》："辽人呼节度使为太师，自景祖至太祖皆有是称。"

〔十一〕宾州　据今人考证，故址在吉林省农安县靠山镇红石村广元店古城，位于松花江左岸。

女真酋长乃新罗人〔一〕，号完颜氏。完颜，犹汉言"王"也。女真以其练事〔二〕，后随以首领让之。兄弟三人：一为熟女真酋长，号万户。其一适他国。完颜年六十余，女真妻之以女，亦六十余，生二子〔三〕，其长即胡来也。自此传三人，至杨哥太师无子，以其侄阿骨打之弟、谥曰文烈者为子。其后杨哥生子阔辣〔四〕，乃令文烈归宗〔五〕。

校注：

〔一〕新罗　朝鲜古国名。四世纪中叶成为朝鲜半岛东南部之强国，至七世纪中叶灭百济和高句丽，统一半岛大部。九世纪开始衰落，至935年为王氏高丽所取代。与唐朝关系密切。

〔二〕练事　指阅历多，熟悉情况。

〔三〕这里所言女年六十犹能生子，恐不足信。而苗耀《神麓记》则云"有室女年四十余尚未婚"，嫁于函普（即龛福）。看来后者说法较为可信。

〔四〕阔辣　《金史》等书均作"挞懒"。

〔五〕文烈　即太宗晟，本名吴乞买。

金主九代祖名龛福〔一〕，追谥景元皇帝，号始祖，配曰明懿皇后。八代祖名讹鲁，追谥德皇帝，配曰思皇后。七代祖名佯海，追谥安皇帝，配曰节皇后。六代祖名随阔，追谥定昭皇帝，号献祖，配曰恭靖皇后。五代祖字菫名实鲁〔二〕，追谥成襄皇帝，号昭祖，配曰威顺皇后。高祖太师名胡来，追谥惠桓皇帝，号景祖，配曰昭肃皇后。曾祖太师名核里颇，追谥圣肃皇帝，号世祖，配曰翼简皇后。曾叔祖太师名蒲剌束，追谥穆宪皇帝，号肃宗，配曰静宣皇后。曾季祖太师名杨哥，追谥孝平皇帝，号穆宗，配曰贞惠皇后。伯祖太师名吴剌束，追谥恭简皇帝，号康宗，配曰敬僖皇后。祖名旻，世祖第二子，咸雍四年岁在戊申生〔三〕，即阿骨打也；灭契丹，谥大圣武元皇帝，号太祖；同母弟二人，长曰吴乞买，次曰撒也。阿骨打卒，吴乞买立，更名晟，谥文烈皇帝，号太宗，配曰明德皇后。今主名亶，阿骨打之孙、绳果之子〔四〕。绳果追谥景宣皇帝。亶之配曰屠姑坦氏〔五〕。

校注：

〔一〕是书中金九代祖的名讳。本书中人名多与《金史》不合。今为方便起见，特作金世系表和对照表各一，见前第六、七页。

〔二〕孛堇 女真语，生女真部落的首领。

〔三〕咸雍四年岁在戊申生，即公元1068年。

〔四〕绳果 即宗峻，阿骨打嫡长子，金熙宗完颜亶的生父。

〔五〕屠姑坦氏 查《金史》，亶之正配为悼平皇后，姓裴满氏，他妃中亦无姓屠姑坦者。疑为裴满氏一音的别译。

阿骨打八子〔一〕。正室生绳果，于次为第五。又生第七子，乃燕京留守易王之父。正室卒，其继室立，亦生二子，长曰二太子，为东元帅，封许王，南归至燕而卒。次生第六子曰蒲路虎〔二〕，为兖王、太傅，领尚书省事。长子固砬力本切〔三〕，侧室所生，为太师、凉国王，领尚书省事。第三曰三太子，为左元帅，与四太子同母。四太子即兀术，为越王、行台〔四〕、尚书令。第八子曰邢王，为燕京留守，打毬坠马死。自固砬以下皆为奴婢〔五〕，绳果死，其妻为固砬所收，故今主养于固砬家。及吴乞买卒，其子宋国王与固砬、粘罕争立，以今主为嫡，遂立之。

校注：

〔一〕阿骨打八子 按《金太祖实录》载为"十有六子"；按苗耀《神麓记》载"太祖九子"；按张汇《金虏节要》载"阿骨打有子十余人"；按《金史·太祖诸子》中诸子之数为十六。各书中的排行顺序也不尽相同。

〔二〕蒲路虎 查太祖诸子中并无此名，根据其封号兖王和后文中谈及曾任东京留守之职且同宋王（宗磐）一同被诛等情况，完全可以断定此人乃为太祖诸子中的宗隽（本名讹鲁观）无疑。参见《金史·太祖诸子》《金史·挞懒传》《金史·熙宗纪》。蒲路虎，或作"蒲鲁虎"，乃太宗长子宗磐的本名，因与宗隽同诛，故洪皓误将太祖子讹鲁观（宗隽）记作太宗子蒲路虎（宗磐）。

〔三〕长子固砧　即宗干，太祖庶长子，海陵王完颜亮的生父。"固砧"非人名，乃官名，即"国论"，见下段"勃极烈"注。按《金史》，宗干曾被封"梁宋国王"，与此文中"凉国王"有异。

〔四〕行台　即行御史台的简称。

〔五〕自固砧以下皆为奴婢　意为除正室所生外，自庶长子宗干以下的地位皆属奴婢。女真初期有将侧室以下所生子女视为奴婢的习俗。但金太祖诸子并未处于奴婢地位，从上文中所获封赠上可以得见，但嫡庶之间的差别仍是很大的。

吴乞买，乙卯年卒[一]。长子曰宗磐，为宋王、太傅，领尚书省事，与滕王、虞王皆为悟室所诛。次曰贤，为沂王、燕京留守[二]。次曰滕王、虞王、袁王。撒也[三]，称揞邹感切板揞板，彼云大也。字极烈[四]，吴乞买时为储君，尝谋尽诛南人。

校注：

〔一〕乙卯年　即金太宗天会十三年（1135）。

〔二〕次曰贤，为沂王、燕京留守　按《金史》，太宗共有子十四人，但未有名为贤又封为沂王者。曾官任燕京留守者，仅宗固（本名胡鲁）一人，曾封为豳王。故此处记载可能有误。

〔三〕撒也　人名，即完颜杲，又称斜也。

〔四〕字极烈　金初官号。自景祖乌古乃时开始设官，官长皆称勃极烈，实为女真语孛堇的讹转。最高总治官为都（索伦语称高）勃极烈；其次是谙版（女真语尊贵）勃极烈；再次是国论（贵）勃极烈，有时左、右并置，即国相。此外还有胡鲁（统领官）、移赉（第三位）等勃极烈。熙宗时废。清代改译贝勒，但已成为爵位名。

闼辣封鲁王，为都元帅，后被诛。其子太拽马亦被囚，因赦得出。庶子乌拽马，名劻，字勉道，今为平章[一]。

校注：

〔一〕平章　即平章政事，地位仅次于丞相。

粘罕者，吴乞买三从兄弟，名宗干[一]，小名乌家奴，本曰粘汉，言其貌类汉儿也。其父即阿卢里移赉[二]。粘罕为西元帅，后虽贵亦袭父官，称曰阿卢里移赉孛极烈、都元帅。孛极烈，彼云大官人也。其庶弟名宗宪，字吉甫，好读书，甚贤。

校注：

[一]粘罕者，吴乞买三从兄弟，名宗干　粘罕即宗翰，非宗干，"干"乃"翰"字之误。粘罕乃撒改之子，在辈分上应为太宗吴乞买的从侄，而文中说成"三从兄弟"，定然有误。

[二]其父即阿卢里移赉　其父，即指粘罕之父撒改，曾任国相、国论勃极烈、国论胡鲁勃极烈。阿卢里移赉，正卷第20页夹注为："第三个官人，亦呼为相公。"

悟室者，女真人，"悟"作"邬"音，或云悟失，名希尹，封陈王。为左相，诛宋、充、滕、虞凡七十二王，后为兀术族诛。

回鹘[一]，自唐末浸微，本朝盛时有入居秦川为熟户者[二]，女真破陕，悉徙之燕山。甘、凉、瓜、沙旧皆有族帐[三]，后悉羁縻于西夏，唯居四郡外地者颇自为国，有君长。其人卷发，深目，眉修而浓，自眼睫而下多虬髯。土多瑟瑟珠玉[四]。帛有兜罗绵、毛毼狨[五]、锦注丝、熟绫、斜褐。药有腽肭脐、硇砂[六]。香有乳香、安息。笃耨[七]，善造宾铁刀剑、乌金银器[八]，多为商贾于燕。载以橐驼过夏地[九]，夏人率十而指一，必得其最上品者，贾人苦之。后以物美恶杂贮毛连中，毛连，以羊毛缉之，单其中，两头为袋，以毛绳或线封之。有甚粗者，有间以杂色毛者，则轻细。然所征亦不赀[十]。其来浸熟[十一]，始厚赂税吏，密识其中下品，俾指之，尤能别珍宝。蕃汉为市者，非其人为侩[十二]，则不能售价。奉释氏最甚，共为一堂，塑佛像其中。每斋必刲羊[十三]，或酒酺以指染血涂佛口，或捧其足而鸣之，谓为亲敬。诵经，则衣袈裟，作西竺语。燕人或俾之祈祷，多验。妇人类男子，白晳，著青衣，如中国道服，然以薄青纱幂首而见其面。其居秦川时，女未嫁者，先与汉人通。有生数子、年近三十始能配其种类。媒妁来议者，父母则曰：吾女尝与某人某人昵。以多为胜，风俗皆然。其在燕者，皆久居业成。能以金相瑟瑟为首饰[十四]，如钗头形而曲一二寸，如古之笄状。又善结金线，相瑟瑟为珥及巾环。织熟锦、熟绫、注丝、线罗等物。又以五色线织成袍，名曰"克丝"，甚华丽。又善撚金线，别作一等背织花树，用粉缴，经岁则不佳，唯以打换达靼[十五]。辛酉岁，金国肆眚[十六]，皆许西归，多留不反。今亦有目微深而髯不虬者，盖与汉儿通而生也。

校注：

〔一〕回鹘　即回纥，维吾尔族的古称。鹘，音 hú，游隼。唐贞元四年（788），回纥可汗请唐改称回纥为回鹘，取"回旋轻捷如鹘"之义。

〔二〕秦川，古地区名，泛指今陕西、甘肃、秦岭以北的平原地带，因春秋战国时地属秦国而得名。熟户，指定业安居之户。

〔三〕甘、凉、瓜、沙乃甘州、凉州、瓜州、沙州之简称。甘州：西魏废帝三年（544）改西凉州为甘州，因甘峻山得名。辖境相当今甘肃高台以东、弱水上游。凉州：最初为西汉置，后来辖境渐小，约为今甘肃永昌以东、天祝以西一带。瓜州：唐时置，其地在今甘肃安西附近。沙州：唐时置，辖境相当今甘肃敦煌及附近一带。

〔四〕瑟瑟珠玉　瑟瑟，形容碧色。引申为碧色之珠。

〔五〕兜罗绵，亦作"妒罗绵""堵罗绵"，木棉的一种。大者高三五丈，结籽棉，纫棉织为白毡罗绵。毛氎狨：氎，音 dié，细棉布；狨，细布，通"绒"。指织工很细的毛织品。

〔六〕腽肭脐、硇砂　腽肭，音 wànà，肥胖意。腽肭兽，即海狗，海狗脐可入药。硇砂，化学成分为 NH_4Cl，可入药。

〔七〕笃耨　勤于耕作。

〔八〕善造宾铁刀剑、乌金银器　"宾"应作"镔"。镔铁，精炼的铁。乌金，合金之一，以铜百分，加入金一分至十分熔合而成。因呈黑紫色，故名。可作装饰品。

〔九〕橐驼　橐，音 tuó。即骆驼。

〔十〕然所征亦不赀　赀，计量。

〔十一〕其来浸熟　浸熟，渐渐熟识。

〔十二〕非其人为侩　侩，指买卖双方间的介绍人。

〔十三〕每斋必刲羊　刲音 kuí，割杀。

〔十四〕金相瑟瑟为首饰　"相"，似应为"镶"。瑟瑟，指碧珠。

〔十五〕唯以打换达靼　打换，盘算换取之意。达靼，古族名，又作靼靼、达达、塔塔儿等。最早见于唐代记载，原为突厥统治下的一个部落。突厥衰亡后，逐渐强大，后为蒙古所灭。在广义上，鞑靼有时成为中国北方诸民族的总称。

[十六]辛酉岁，金国肆眚 辛酉岁，即为公元1141年。肆眚，宽赦有罪之人。

嗢热者[一]，国最小，不知其始所居，后为契丹徙置黄龙府南百余里曰宾州[二]。州近混同江，即古之粟末河、黑水也。部落杂处，以其族类之长为千户统之。契丹、女真贵游子弟及富家儿月夕被酒[三]，则相率携尊驰马，戏饮其地。妇女闻其至，多聚观之。间令侍坐，与之酒则饮，亦有起舞歌讴以侑觞者[四]。邂逅相契，调谑往反，即载以归。不为所顾者，至追逐马足不远数里。其携去者，父母皆不问。留数岁，有子，始具茶、食、酒数车归宁[五]，谓之拜门，因执子婿之礼。其俗谓男女自媒胜于纳币而昏者。饮食皆以木器。好置蛊[六]，他人欲其不验者，乃三弹指于器上，则其毒自解，亦间有遇毒而毙者。族多李姓，予顷与其千户李靖相知。靖二子亦习进士举。其侄女嫁为悟室子妇。靖之妹曰金哥，为金主之伯固砬侧室。其嫡无子，而金哥所生今年约二十余，颇好延接儒士，亦读儒书，以光禄大夫为吏部尚书。其父死，托宇文虚中、高士谈、赵伯璘为志[七]。高、宇以赵贫，命赵为之，而二人书篆其文额。所濡甚厚，曾在燕识之。亦学弈、象戏、点茶[八]。靖以光禄知同州，冒墨有素[九]，今亡矣。其论议亦可听，衣制皆如汉儿。

校注：

[一]嗢热 属内迁的民族，至金代并入女真族。其族源，目前有两说：一种意见认为，在唐时称郡利部，后称兀惹、兀者；另一种意见认为，与肃慎、女真系不同，原属于勿吉、拂涅一系，辽时称兀惹、嗢惹、乌舍、乌萨札。

[二]黄龙府南百余里曰宾州 黄龙府即今吉林省农安市，宾州本在农安以北，"南"乃"北"字之误。

[三]月夕被酒 月夕，即为明月之夜；被酒，犹言中酒，酒酣之际。

[四）侑觞 音 yòu shāng，劝酒。

[五]归宁 旧谓已嫁女子回家省亲。

[六]置蛊 蛊，相传一种由人工培养的毒虫。《本草纲目·虫部》李时珍集解曰："取百虫入瓮中，经年开之，必有一虫尽食诸虫，即以此名为蛊。"中其毒者出现心腹刺痛、胸胁支满、吐血下血、寒热闷乱、面色青黄或枯黑

等危象。

　　[七]宇文虚中，字叔通，益州广都人，大观三年进士。建炎初，以资政殿学士奉命往使金国。被扣，迫其为翰林学士，后官至礼部尚书。对金国礼仪制度的建立起到重要作用。绍兴中，谋劫金熙宗，事泄，全家皆死。宋赠开府仪同三司，谥肃愍。高士谈，字季默，宋开国功臣武昭王高琼之后。宣和末年任忻州户曹参军，后降金官至翰林学士，与宇文虚中等谋劫金主，事泄被杀。赵伯璘，宋高宗懿节邢皇后之姨夫，靖康之难被掠至金国，曾在陈王完颜希尹（即文中"悟室"者）家充劳役。洪皓屡次给以周济。

　　[八]象戏，即古象棋。唐宋时期甚为流行，近代象棋即定型于此。点茶，又称"斗茶""斗试""斗碾"，宋代极为风行，甚至成为一种娱乐。当时饮的茶是碾茶，即把一种半发酵的膏饼茶碾成细末，然后用初沸的水点注，茶汤表面便会泛起一层白沫。水痕先退者为负，耐久者为胜。福建建阳窑的黑釉碗盏最适于斗茶。此外还须讲究方法，方能获胜。

　　[九]冒墨有素　指在文字上很有修养。冒，与"笔"古字相通。

　　渤海国去燕京、女真所都皆千五百里[一]，以石累城足，东并海。其王旧以大为姓，右姓曰高、张、杨、窦、乌、李[二]，不过数种。部曲[三]、奴婢无姓者，皆从其主。妇人皆悍妒，大氏与他姓相结为十姊妹，迭稽察其夫[四]，不容侧室。及他游，闻则必谋置毒，死其所爱。一夫有所犯而妻不之觉者，九人则群聚而诟之，争以忌嫉相夸。故契丹、女真诸国皆有女倡，而其良人皆有小妇、侍婢，唯渤海无之。男子多智谋，骁勇出他国右，至有"三人渤海当一虎"之语。契丹阿保机灭其王大諲譔，徙其名帐千余户于燕[五]，给以田畴，捐其赋入[六]，往来贸易关市皆不征，有战则用为前驱。天祚之乱，其聚族立姓大者于旧国为王[七]，金人讨之，军未至，其贵族高氏弃家来降，言其虚实，城后陷。契丹所迁民益蕃，至五千余户，胜兵可三万[八]。金人虑其难制，频年转戍山东，每徙不过数百家。至辛酉岁[九]，尽驱以行，其人大怨。富室安居逾二百年，往往为园池，植牡丹多至三二百本，有数十干丛生者，皆燕地所无，才以十数千或五千贱贸而去。其居故地者，今仍契丹，旧为东京[十]，置留守。有苏、扶等州[十一]，苏与中国登州、青州相直，每大风顺，隐隐闻鸡犬声。阿保机长子东丹王赞华封于此[十二]，谓之人皇王。不得立，鞅鞅尝赋诗曰[十三]：小山压大山，大山全无力；羞见当乡人，从此投外国。遂自苏乘筏浮海归唐明宗。善画马，好经籍，犹以筏载行。其国初仿唐置官司，国少浮图氏[十四]。有赵崇德者，为燕都运，未六十余休致为僧，自为大院，请燕竹林寺慧日师住持，约供众僧三年费。竹林乃四明人[十五]，赵与予相识颇久。

校注：

[一] 这里所言"渤海国"，似不应理解为地处今黑龙江省宁安市的渤海王都——上京龙泉府，应指今辽阳市一带。辽灭渤海后，于928年将东丹迫迁至此（原亦属渤海故地）。后置为辽、金的东京。辽阳与燕京、金上京（黑龙江省阿城南白城）的距离大致相等，接近1500里。

[二] 右姓　古时尚右，右姓即为高姓，通指世家望族。

[三] 部曲　本为军队编制之称，后又变为家仆之称。部曲经主人放免，即可成为平民。

[四] 迭稽察其夫　《辽海丛书》本"稽"作"几"。迭，指轮流、互相之意。

[五] 名帐　即大户、望族。

[六] 捐其赋入　捐，除去，免除。通"蠲"。

[七] 天祚之乱，指辽朝末帝天祚帝耶律延禧在位（1101—1125）时，国内发生的战乱，各族人民纷纷起义，贵族间内讧也愈演愈烈，辽统治趋于崩溃。旧国，按通说当为渤海前期震国时期的王都所在地，一般认为即今吉林省敦化市之敖东城。这里所言"旧国"，似指今辽阳之地，辽末金初时渤海遗民起事发生在此。此段史实见于《金史·斡鲁传》。

[八] 胜兵可三万　胜兵，即精兵，正式军队。

[九] 辛酉岁　当为金熙宗皇统元年（1141）。

[十] 东京　即辽东京辽阳府。

[十一] 苏、扶等州　苏州，辽时以南苏地置，金废，即今辽宁金州。扶州，疑为复州之音误；复州，辽置，金仍之，即今辽宁瓦房店。

[十二] 东丹王赞华　即耶律倍，又名突欲，辽太祖耶律阿保机长子。926年辽灭渤海后，改渤海国为东丹国（谓东部契丹之意），封耶律倍为东丹王，号人皇王。阿保机去世后，被迫让帝位于其弟耶律德光（辽太宗），但仍屡遭猜忌和排挤。930年弃国投奔后唐，赐李姓，名赞华。四年后遇害，时年三十八岁。

[十三] 鞅鞅　"鞅"通"怏"。

[十四] 浮图　又作浮屠。古称佛教徒为浮图，佛教为浮屠道，后又称佛塔为浮屠。

［十五］四明　浙江旧宁波府的别称，以境内有四明山得名。

古肃慎城，四面约五里余，遗堞尚在，在渤海国都外三十里〔一〕，亦以石累城脚。

校注：

［一］古肃慎城……在渤海国都外三十里　在第 17 页注一中，已言明当时洪皓可能误将辽阳当作渤海国都，进而推之，古肃慎城亦当在今辽阳市附近。

黄头女真者〔一〕，皆山居，号"合苏馆女真"〔二〕。合苏馆，河西亦有之。有八馆在黄河东，今皆属金人。与金粟城、五花城隔河相近。二城八馆旧属契丹，今属夏人。金人约以兵取关中，以三城八馆报之，后背约，再取八馆，而三城在河西，屡争不得，其一城忘其名。其人戆朴勇鸷，不能别死生〔三〕。金人每出战，皆被以重札〔四〕，令前驱，谓之硬军。后役之益苟，廪给既少，遇卤掠所得，复夺之，不胜忿。天会十一年〔五〕遂叛。兴师讨之，但守遏山下，不敢登其巢穴。经二年，出斗而败，复降。疑即黄头室韦也。金国谓之黄头生女真，髭发皆黄，目精多绿，亦黄而白多，因避契丹讳，遂称黄头女直。

校注：

［一］黄头女真　在《唐书》《辽史》中仅载有黄头室韦而未载有黄头女真，故下文疑黄头女真即黄头室韦。应为蒙兀室韦的一支。

［二］合苏馆　又作曷苏馆、合思汗、合苏款，即熟女真，辽代时属于女真一部。《金史·世纪》称曷苏馆为女真始祖函普兄阿古乃之后。金代置为路名，治所在今辽宁瓦房店西北，辖境相当今辽东半岛中部地区。

［三］不能别死生　《三朝北盟会编》本中，"别"作"辨"字，似更妥切。

［四］重札　厚甲。札，铠甲上的铁片。

［五］天会十一年　即 1133 年。天会，金太宗完颜晟的年号。

盲骨子〔一〕，《契丹事迹》谓之朦骨国〔二〕，即《唐书》所谓蒙兀部。

校注：

〔一〕盲骨子　似为金代之蒙兀室韦。

〔二〕《契丹事迹》　书名，早佚。

大辽道宗朝，有汉人讲《论语》至"北辰居其所而众星拱之"〔一〕，道宗曰："吾闻北极之下为中国，此岂其地邪？"至"夷狄之有君"〔二〕，疾读不敢讲。则又曰："上世獯鬻、猃狁荡无礼法〔三〕，故谓之夷。吾修文物，彬彬不异中华，何嫌之有？"卒令讲之。道宗末年，阿骨打来朝，以悟室从。与辽贵人双陆〔四〕，贵人投琼不胜〔五〕，妄行马，阿骨打愤甚，拔小佩刀欲剚之〔六〕。悟室急以手握鞘，阿骨打止得其柄，杙其胸〔七〕，不死。道宗怒。侍臣以其强悍，咸劝诛之。道宗曰："吾方示信以待远人，不可杀。"或以王衍纵石勒〔八〕、张守珪赦安禄山〔九〕终致后害为言，亦不听，卒归之。至叛辽，用悟室为谋主。阿骨打且死，属其子固砼善待之。

校注：

〔一〕北辰居其所而众星拱之　原文脱"其"字。此语出自《论语·为政》："为政以德，譬如北辰居其所而众星拱之。"今据补。

〔二〕夷狄之有君　此语出自《论语·八佾》："夷狄之有君，不如诸夏之亡也。"

〔三〕獯鬻、猃狁　獯鬻，音 xūn yù，即猃（xiǎn）狁（yǔn），古族名，亦作猃狁、荤粥。殷周之际，主要分布在今陕西、甘肃北境及内蒙古西部，从事游牧。春秋时被称作戎狄，后称作匈奴。

〔四〕双陆　古代博戏，相传由天竺传入，盛行于南北朝及隋唐时。因局如棋盘、左右各有六（大写为陆），故名。马作椎形，黑白各有十五枚。两人相博，骰子掷采行马，白马以右到左，黑马反之，先出完者获胜。

〔五〕投琼　即投骰子。

〔六〕欲剚之　剚，音 zì，刺入，插入。

〔七〕杙其胸　杙，音 yì，意为木桩或木橛。这里指手握柄首刺对方胸膛。

〔八〕王衍纵石勒　石勒（274—333），十六国时期后赵的建立者，羯族。此典见于《晋书·石勒传》："年十四随邑人行贩洛阳，倚啸上东门。王衍见而异之，顾谓左右曰：'向者胡雏，吾观其声视有奇志，恐将为天下患。'驰遣收之，会勒已去。"

［九］张守珪赦安禄山　此典见于《旧唐书·安禄山传》："（开元）二十年，张守珪为幽州节度使。禄山盗羊事觉，守珪剥坐，欲棒杀之。大呼曰：'大夫不欲灭两蕃耶？何为打杀禄山？'守珪壮其言而释之……遂养为子。"

大辽盛时，银牌天使至女真［一］，每夕必欲荐枕者。其国旧轮中下户作止宿处，以未出适女待之。后求海东青使者络绎［二］，恃大国使命，惟择美好妇人，不问其有夫及阀阅高者［三］。女真浸忿，遂叛。初，女真有戎器而无甲，辽之近亲有以众叛，间入其境上，为女真一酋说而擒之，得甲首五百。女真赏其酋为阿卢里移赉。彼云第三个官人，亦呼为相公。既起师，才有千骑，用其五百甲攻破宁江州［四］。辽众五万御之不胜，复倍遣之，亦折北，遂益至二十万。女真以众寡不敌，谋降。大酋粘罕、悟室、娄宿［五］等曰："我杀辽人已多，降必见剿，不若以死拒之。"时胜兵至三千，既连败辽师，器甲益备，与战，复克。天祚乃发蕃汉五十万亲征。大将余都姑谋废之［六］，立其庶长子赵王。谋泄，以前军十万降，辽军大震。天祚怒国人叛己［七］，命汉儿遇契丹则杀之。初，辽制：契丹人杀汉儿者皆不加刑。至是摅其宿愤［八］，见者必死，国中骇乱，皆莫为用。女真乘胜入黄龙府五十余州，浸逼中京［九］。中京，古曰白霤城。天祚惧，遣使立阿骨打为国王，阿骨打留之。遣人邀请十事，欲册帝，为兄弟国及尚主［十］。使数往反，天祚不得已，欲帝之，而他请益坚。天祚怒曰："小夷乃欲偶吾女邪！"囚其使，不报。已而中京被围，逃至上京［十一］，过燕，遂投西夏。夏人虽舅甥国，畏女真之强，不果纳。初，大观中，本朝遣林摅使辽，辽人命习仪，摅恶其屑屑［十二］，以蕃狗诋伴使［十三］，天祚曰："大宋，兄弟之邦；臣，吾臣也。今辱吾左右，与辱我同。"欲致之死。在廷恐兆衅，皆泣谏。止杖半百而释之。时天祚穷，将来归，以是故恐不加礼，乃走小勃律［十四］，复不纳，乃夜回，欲之云中［十五］。未明，遇谍者言娄宿军且至。天祚大惊。时从骑尚千余，有精金铸佛长丈有六尺者，他宝货称是，皆委之而遁。值天微雪，车马皆有辙迹，为敌所及。先遣近贵谕降，未复。娄宿下马，跽于天祚前，曰："奴婢不佞［十六］，乃以介胄犯皇帝天威，死有余罪。"因捧觞而进，遂俘以还。封海滨王，处之东海上。其初走河西也，国人立其季父于燕。俄死，以其妻代，后与郭药师来降［十七］，所谓萧太后者。

校注：

［一］银牌天使　专指奉辽帝之命到各地去执行任务且腰佩银牌作为符信

的使者。其地位相当于后世的"钦差大臣"。

〔二〕海东青　一种能捕捉天鹅的猎鹰，主要产在黑龙江流域及逸东沿海地区。

〔三〕阀阅　古代仕宦人家大门外的左右柱，门左者为阀，门右者为阅，常用来榜贴功状。后世专称仕宦人家为阀阅。

〔四〕宁江州　在生女真居地之西，属辽军事重镇。现通说为今吉林省扶余市境内伯都讷古城。

〔五〕娄宿　其他史书均记作"娄室"，即完颜娄室。

〔六〕余都姑　其他史书均记作"耶律余睹"。

〔七〕天祚怒国人叛己　"己"原作"巳"。辽海本作"己"，文义可通，今据改。

〔八〕摅其宿愤　摅，音 shū，同"抒"。意为发泄旧恨。

〔九〕中京　即辽中京。辽统和二十五年（1007）建中京大定府，北距辽上京（首都）二百八十公里。该城规模宏大，超过上京，是辽极盛时期的陪都。故址在今内蒙古赤峰市宁城县西大明城。

〔十〕尚主　娶公主为妻。

〔十一〕上京　辽会同元年（938）改皇都为上京临潢府。故址在今内蒙古巴林左旗南波罗城。

〔十二〕恶其屑屑　恶，讨厌，看不上；屑屑，烦细。

〔十三〕伴使　陪伴使者之人。

〔十四〕小勃律　古地名，《辞海》释为即今克什米尔，但天祚帝绝不能逃至此地。待考。

〔十五〕云中　今山西大同，当时为辽西京。

〔十六〕不佞　谦词，自谓没有才能，或亦曰不才。

〔十七〕郭药师　渤海铁州人，先仕辽，后投宋，复降金。阿骨打赐姓完颜氏，任燕京留守。从宗望伐宋，充金向导。后被囚禁。

宁江州去冷山百七十里，地苦寒，多草木。如桃李之类，皆成园，至八月，则倒置地中，封土数尺，覆其枝干，季春出之。厚培其根，否则冻死。每春冰始泮，辽主必至其地，凿冰钓鱼，放弋为乐〔一〕。女真率来献方物，若貂鼠之属。各以所产，量轻重而打博〔二〕，谓之"打女真"，后多强取，女真始怨。暨阿骨打起兵，首破此州，驯至亡国〔三〕。

校注：

[一] 放弋 "弋"通"鸢"。即放风筝。

[二] 打博 一种赌输赢的方法，猜中为胜。

[三] 暨：及，到；驯：渐进之意。

辽亡，大实林牙亦降[一]，<small>大实，小名；林牙，犹翰林学士。虏俗大概以小名居官上。</small>后与粘罕双陆争道，粘罕心欲杀之而口不言。大实惧，及既归帐，即弃其妻，携五子宵遁。诘旦[二]，粘罕怪其日高不来，使召之。其妻曰："昨夕以酒忤大人，<small>大音桗。</small>畏罪而窜。"询其所之，不以告。粘罕大怒，以配部落之最贱者。妻不肯屈，强之，极口谩骂，遂射杀。大实深入沙子，立天祚之子梁王为帝而相之。女真遣故辽将余都姑帅兵经略屯田于合董城[三]。<small>城去上京三千里。</small>大实游骑数十出入军前，余都姑遣使打话，遂退。沙子者，盖不毛之地，皆平沙广漠，风起扬尘至不能辨色，或平地顷刻高数丈。绝无水泉，人多渴死。大实之走，凡三昼夜始得度，故女真不敢穷追。辽御马数十万牧于碛外，女真以绝远未之取，皆为大实所得。今梁王、大实皆亡，余党犹居其地。

校注：

[一] 大实 《辽史》《金史》均作耶律大石，西辽的创建者。

[二] 诘旦 第二天的早晨。

[三] 合董城 属辽边城，又记作"曷董""河董"。地处克鲁伦河流域，在今蒙古人民共和国乔巴山市西。

合董之役，令山西、河北运粮给军。予过河阴县[一]，令以病解，独簿出迎[二]，以线系槐枝垂绿袍上。命之坐，恳辞。叩其故，以实言曰："县馈饷失期，令被挞柳条百，惭不敢出。某亦罹此罚，痛楚特甚，故不可坐。创未愈，惧为腋气所侵，故带槐以辟之。"余都姑之降金人，以为西军大监军。久不迁，常鞅鞅。其军合董也，失其金牌，金人疑其与林牙暗合，遂质其妻子，余都姑有叛心。明年九月，约燕京统军反，统军之兵皆契丹人。余都姑谋诛西军之在云者，尽约云中、河东、河北、燕京郡守之契丹、汉儿，令诛女真之在官、在军者。天德知军伪许之，遣其妻来告。时悟室为西监军，自云中来燕，微闻其事而未信。与通事汉儿那也回行数百里[三]，那也见二骑驰甚遽，问之曰："曾见监军否？"以不识对。问为谁，曰："余都姑下人。"那也追及悟室，曰："适

22

松漠纪闻 虏从东巡行录

两契丹云'余都姑下人',既在西京,何故不识监军?北人称云中为西京。恐有奸谋。"遂回马,追获之。搜其靴中,得余都姑书曰:事已泄,宜便下手。复驰告悟室。即回燕[四],统军来谒,缚而诛之。又二日至云中。余都姑微觉,父子以游猎为名,遁入夏国。夏人问有兵几何,云亲兵三二百。遂不纳。投达靼。达靼先受悟室之命,其首领诈出迎,具食帐中,潜以兵围之。达靼善射,无衣甲,余都姑出敌不胜,父子皆死。凡预谋者悉诛。契丹之黠、汉儿之有声者[五],皆不免。

校注:

[一] 河阴县　在今河南荥阳北,属漕运要地。

[二] 令以病解,独簿出迎　令,即县令;簿,县主簿,主管文书。

[三] 通事汉儿那也　通事,即翻译;那也,为人名。

[四] 即回燕　疑"即"应为"既"。

[五] 汉儿之有声者　有声,意指有声望、有名气的人。

金国旧俗,多指腹为昏姻。既长,虽贵贱殊隔必不可渝。婿纳币,皆先期拜门,戚属偕行,以酒馔往,少者十余车,多至十倍。饮客佳酒,则以金银䃪贮之[一],其次以瓦䃪,列于前以百数。宾退,则分饷焉。男女异行而坐。先以乌金、银杯酌饮,贫者以木。酒三行,进大软脂、小软脂,如中国寒具[二]。蜜糕,以松实、胡桃肉渍蜜和糯粉为之。形或方或圆,或为柿蒂花,大略类浙中宝阶糕。人一盘,曰茶食。宴罢,富者瀹建茗[三],留上客数人啜之,或以粗者煎乳酪。妇家无大小,皆坐炕上。婿党罗拜其下,谓之男下女。礼毕,婿牵马百匹,少者十匹,陈其前。妇翁选子姓之别马者视之,塞痕则留,好也。辣辣则退。不好也。留者不过什二三,或皆不中选,虽婿所乘亦以充数,大抵以留马少为耻。女家亦视其数而厚薄之,一马则报衣一袭,婿皆亲迎。既成昏,留妇氏执仆隶役,虽行酒进食,皆躬亲之。三年然后以妇归。妇氏用奴婢数十户,奴曰亚海,婢曰亚海轸。牛马十数群,每群九牸一牡[四],以资遣之。夫谓妻为"萨那罕"。妻谓夫为"爱根"。

校注:

[一] 䃪　音 hāng,方舟。舟相连谓䃪,形容酒器之大。

〔二〕寒具　指用来御寒的衣物。

〔三〕瀹建茗　煮泡福建所产名茶。

〔四〕九牸一牡　牸，音zì，雌性牲畜；牡，雄性。

契丹男女拜皆同，其一足跪，一足著地，以手动为节，数止于三。彼言"捏骨地"者，即跪也。

女真旧绝小，正朔所不及，其民皆不知纪年。问之则曰："我见草青几度矣。"盖以草一青为一岁也。自兴兵以后，浸染华风，酋长生朝〔一〕，皆自择佳辰。粘罕以正旦〔二〕，悟室以元夕〔三〕，乌拽马以上巳〔四〕。其他如重午、七夕、重九、中秋、中下元、四月八日皆然〔五〕。亦有用十一月旦者，谓之周正〔六〕。金主生子七月七日，以国忌，用次日。今朝廷遣贺使以正月至彼，盖循契丹故事，不欲使人两至也。

校注：

〔一〕酋长生朝　生朝，即生辰。

〔二〕正旦　正月初一。

〔三〕元夕　正月十五的晚上。

〔四〕上巳　原"巳"作"己"，属误笔，辽海本作"上巳"，今从之。节日名，古时以农历三月第一个巳日为"上巳"，魏晋以后改为三月三日。

〔五〕重午，亦称"重五"，即农历五月初五。七夕，农历七月初七的晚上。重九，农历九月初九，也称"重阳"。中下元，中元以农历七月十五日为"中元节"，下元以农历十月十五日为"下元节"。四月八日，寺庙节日，即浴佛节。

〔六〕周正　我国古代周历以建子之月（夏历十一月）为岁首。

金国治盗甚严。每捕获，论罪外，皆七倍责偿，唯正月十六日则纵偷一日以为戏，妻女、宝货、车马为人所窃，皆不加刑。是日，人皆严备，遇偷至，则笑遣之。既无所获，虽畚锸微物亦携去。妇人至显入人家，伺主者出接客，则纵其婢妾盗饮器。他日知其主名，或偷者自言，大则具茶食以赎，谓羊酒肴馔之类。次则携壶，小亦打糕取之。亦有先与室女私约，至期而窃去者，女愿留则听之。自契丹以来皆然，今燕亦如此。

女真旧不知岁月，如灯夕皆不晓〔一〕。己酉岁〔二〕，有中华僧被掠至其阙，遇上元〔三〕，以长竿引灯球表而出之以为戏〔四〕。女真主吴乞买见之大骇，问左右曰："得非星邪？"左右以实对。时有南人谋变，事泄而诛，故乞买疑之曰："是人欲啸聚为乱，克日时立此以为信耳！"[五]命杀之。后数年至燕，颇识之。至今遂盛。

校注：

[一]灯夕　即灯节。

[二]己酉岁　当为金太宗天会七年（1129）。

[三]上元　旧历正月十五日为上元节，其夜为上元夜，也叫"元宵"。

[四]表而出之　表，加外衣。

[五]克日，约定或限定日期。信，信号。

胡俗奉佛尤谨。帝后见像设，皆梵拜。公卿诣寺，则僧坐上座。燕京兰若相望[一]，大者三十有六，然皆建院。自南僧至，始立四禅，曰太平、招提、竹林、瑞像。贵游之家多为僧衣盂，衣钵也。甚厚。延寿院主有质坊二十八所，僧职有正副判录，或呼司空。辽代僧有兼官至检校司空者，故名称尚存。出则乘马佩印，街司、五伯各二人前导。凡僧事无所不统，有罪者则挞之，其徒以为荣。出家者，无买牒之费。金主以生子肆赦[二]，令燕、云、汴三台普度，凡有师者，皆落发。奴婢欲脱隶役者，才以数千属请即得之。得度者，亡虑三十万。旧俗，奸者不禁。近法益严，立赏三百千，它人得以告捕[三]。尝有家室，则许之归俗。通平民者，杖背流递。僧尼自相通及犯品官家者，皆死。

校注：

[一]兰若　寺庙，梵文阿兰若的略语。

[二]肆赦　缓免减罪。

[三]立赏三百千，它人得以告捕　疑此二句前后相倒。

蒲路虎[一]，性爱民。所居官必复租薄征[二]，得蕃汉间心。但时有酒过，后除东京留守[三]，治渤海城。敕令止饮。行未抵治所，有一僧以榛柃瘿盂遮道而献，榛柃，木名，有文缕可爱，多用为碗。曰："可以酌酒。"蒲路虎曰："皇帝临遣时，宣戒我勿得饮，尔何人，乃欲以此器导我耶！"顾左右，令注勃辣骇。彼云敲杀也。即引去[四]，行刑者哀其亡辜，击其脑不力，欲令宵遁，而以死告。

未毕，复呼。使前，僧被血淋漓。蒲路虎曰："所以献我者意安在？"对曰："大王仁慈正直，百姓喜幸，故敢奉此为寿，无它志也。"蒲路虎意解，欲释之。询其乡，以渤海对。蒲路虎笑曰："汝闻我来，用此相鹘突耳〔五〕！岂可赦也？"卒杀之。又于道遇僧尼五辈共辇而载，召而责之曰："汝曹群游已冒法，而乃敢显行吾前耶！"皆射杀之。

校注：

〔一〕蒲路虎　金太宗长子宗磐的本名。

〔二〕复租薄征　复，除免；征，征发民徭。除免地租，减轻徭役。

〔三〕后除东京留守　拜官曰"除"，意谓除故官就新官。

〔四〕即引去　疑"即"为"既"。

〔五〕鹘突　糊涂，宋人常用之词。

金国之法，夷人官汉地者，皆置通事。即译语官也，或以有官人为之。上下重轻皆出其手，得以舞文招贿，三二年皆致富。民俗苦之。有银珠哥大王者〔一〕，银珠者，行第六十也。以战多贵显，而不熟民事。尝留守燕京，有民数十家，负富僧金六七万缗，不肯偿。僧诵言欲申诉，逋者大恐〔二〕，相率赂通事，祈缓之。通事曰："汝辈所负不赀，今虽稍迁延，终不能免，苟能厚谢我，为汝致其死。"皆欣然许诺。僧既陈牒〔三〕，跪听命。通事潜易它纸，译言曰："久旱不雨，僧欲焚身动天，以苏百姓。"银珠笑，即书牒尾，称塞痕者再〔四〕。庭下已有牵拢官二十辈驱之出，僧莫测所以。扣之，则曰："塞痕，好也，状行矣〔五〕。"须臾出郛〔六〕，则逋者已先期积薪，拥僧于上，四面举火。号呼称冤，不能脱，竟以焚死。

校注：

〔一〕银珠哥大王　即银术可，宗室子。以军功于天会十年（1132）任燕京留守，后迁中书令，封蜀王。

〔二〕逋者　欠债之人。

〔三〕陈牒　呈递讼词。牒，讼词，官文书。

〔四〕塞痕　女真语"好"的意思。

〔五〕状行矣　意为善举。

〔六〕郛　音 fú，城外之郭。

胡俗，旧无仪法。君民同川而浴，肩相摩于道。民虽杀鸡，亦召其君同食。炙股烹蒱，音蒲，脽肉也。以余肉和蘩菜捣臼中糜烂而进〔一〕，率以为常。吴乞买称帝，亦循故态。今主方革之。

校注：

〔一〕蘩　音 qí，植物名，蕨属。

金国新制，大抵依仿中朝法律。至皇统三年颁行其法〔一〕，有创立者，率皆自便。如殴妻至死，非用器刃者，不加刑。以其侧室多，恐正室妒忌。汉儿妇莫不唾骂〔二〕，以为古无此法，曾臧获不若也〔三〕。

校注：

〔一〕皇统三年　公元 1143 年。
〔二〕汉儿妇　女真的家庭形态为多妻制，其基础建立在对宋发动战争进行人口掠夺上，有大批汉族妇女被掠至金地，给女真人作侧室、妾婢。
〔三〕曾臧获不若也　意谓地位连奴婢也不如。臧获，即奴婢。

北人重赦，无郊禜〔一〕。予衔命十五年才两见赦〔二〕：一为余都姑叛，一为皇子生。

校注：

〔一〕郊禜　祭祀天地，祈望赐福。郊，冬至祭天于南郊，夏至祭地于北郊。禜，雨多。
〔二〕这里所言"十五年才两见赦"似不确，因前文中言及"辛酉岁，金国肆眚，皆许西归"，未计算在内。

盲骨子，其人长七八尺，捕生麋鹿食之。金人尝获数辈至燕。其目能视数十里，秋毫皆见，盖不食烟火，故眼明。与金人隔一江，常渡江之南为寇。

御之则返，无如之何。

金国天会十四年四月，中京小雨[一]，大雷震，群犬数十争赴土河而死。所可救者，才二三尔。

校注：

[一] 中京　这里所言中京，当指辽中京，金初因之，金海陵王时更名为北京，在今内蒙古赤峰市西南大明城。

松漠纪闻续

宋鄱阳洪皓　撰

　　冷山去燕山三千里，去金国所都二百余里，皆不毛之地。乙卯岁〔一〕，有二龙不辨名色，身高丈余，相去数步而死，冷气腥焰袭人，不可近。一已无角，如截去；一额有窍，大若当三钱，如斧凿痕。悟室欲遣人截其角，或以为不祥，乃止。

校注：

〔一〕乙卯岁　当为金天会十三年（1135）。

　　戊午夏〔一〕，熙州野外泺水有龙见三日〔二〕。初，于水面见苍龙一条，良久即没。次日，见金龙以爪托一婴儿，儿虽为龙所戏弄，略无惧色。三日，金龙如故，见一帝者乘白马，红衫玉带，如少年中官状〔三〕，马前有六蟾蜍，凡三时方没。郡人竞往观之，相去甚近，而无风涛之害。熙州尝以图示刘豫〔四〕，刘不悦。赵伯璘曾见之。

校注：

〔一〕戊午　金天眷元年（1138）。

〔二〕熙州野外泺水　熙州，即今甘肃临洮。唐置临州，宋改熙州，金、元、明时为临洮府。泺（pō）水，即湖泊，位置当在临洮郊外，非为源出山东历城西北的泺水。

〔三〕中官　宦官。

〔四〕刘豫　南宋初年臭名昭著的大汉奸。曾任宋济南知府，在1128年金军南侵时杀守将关胜降金。1130年受金册封为齐帝，统治中原和陕西地区。

曾多次配合金军南侵。1137 年被废。

是年五月，汴都太康县一夕大雷雨，下冰龟亘数十里。龟大小不等，首、足卦文皆具。

阿保机居西楼[一]，宿毡帐中。晨起见黑龙长十余丈，蜿蜒其上。引弓射之，即腾空夭矫而逝，坠于黄龙府之西，相去已千五百里。才长数尺，其骸尚在金国内库，悟室长子源尝见之。尾鬣支体皆全[二]，双角已为人所截，与予所藏董羽画出水龙绝相似[三]，盖其背上鬣不作鱼鬣也。

校注：

[一] 西楼 契丹楼名，通常认为故址在今内蒙古巴林左旗西南石房子村。秋季辽帝多在此狩猎，后建置祖州。

[二] 尾鬣支体 鬣音 liè，鱼颔旁鳍。"支"与"肢"通。

[三] 董羽 宋初大画家，字仲翔，毗陵（江苏常州）人，口吃，有哑子之称。善画龙鱼，尤长于海水。初仕南唐李煜为待诏，后随归宋。

悟室第三子挞挞，劲勇有智，力兼百人，悟室常与之谋国。蒲路虎之死，挞挞承诏召入，自后执其手而杀之，为明威将军。正月十六，挟奴仆十辈入寡婶家烝焉[一]。悟室在阙下，虏都也。其长子以告，命械系于家。悟室至，问其故，曰："放偷敢尔。"[二]悟室命缚，杖其背百余释之，体无伤。虏法：缚者必死。挞挞始谓必杖，闻缚而惊，遂失心[三]，归室不能坐，呼曰："我将去。"人问之，曰："适蒲路虎来。"后旬日死，悟室哭之，痛曰："折我左手。"是年九月[四]，悟室亦坐诛。

校注：

[一] 入寡婶家烝焉 烝，音 zhēng，以下淫上，指和母辈通奸。

[二] 放偷 即前文所言女真族有正月十六纵偷一日的风俗。

[三] 失心 因遭极度恐惧而导致精神错乱，俗称"失心疯"。

[四] 是年九月 当为金天眷三年（1140）。

己未年五月，客星守鲁[一]。悟室占之，太史曰："不在我分野，外方小灾，无伤。"至七月，鲁、兖、宋、滕、虞诸王同日诛。庚申年，星守陈，太史以告宇文〔二〕，宇文语悟室，悟室时为陈王。悟室不以为怪，至九月而诛。房亦应天道如此。

校注：

〔一〕己未年，金天眷二年（1139）。客星，平常未见忽现的变光星，按迷信讲法，会出现不吉利的事情。

〔二〕庚申年，星守陈，太史以告宇文　庚申年，当为1140年。陈，指陈地，完颜希尹（即悟室）时封为陈王，封地在冷山一带（今黑龙江省五常市境内）。宇文，即宇文虚中。《建炎以来系年要录》卷一三七载："先是客星守陈，太史以告宇文虚中，虚中以告希尹，不以为怪，及是坐诛。"

金人科举，先于诸州分县赴试。诗赋者兼论，作一日；经义者兼论策，作三日，号为"乡试"。悉以本县令为试官，预试之士，唯杂犯者黜〔一〕。榜首曰"乡元"，亦曰"解元"。次年春，分三路类试：自河以北至女真，皆就燕；关西及河东就云中；河以南就汴，谓之"府试"。试诗、赋，论时务策。经义则试五道、三策、一论、一律义。凡二人取一，榜首曰"府元"。至秋，尽集诸路举人于燕，名曰"会试"。凡六人取一，榜首曰"敕头"，亦曰"状元"。分三甲：曰上甲、中甲、下甲。敕头补承德郎，视中朝之承议。上甲皆赐绯，七年即至奉直大夫，谓之正郎。第二、第三人，八年或九年。中甲十二年。下甲十三年。不以所居官高卑，皆迁大夫。中下甲服绿，例赐银带。府试，差官取旨，尚书省降札，知举一人，同知二人，又有弥封、誊录、监门之类。试闱用四柱，揭彩其上，目曰"至公楼"，主文登之以观试。或有私者，停官不叙，仍决沙袋〔二〕，亲戚不回避。尤重书法，凡作字有点画偏旁微误者，皆曰"杂犯"。先是考校毕，知举即唱名。近岁上、中、下甲杂取十名，纳之国中，下翰林院重考，实欲私取权贵也。考校时，不合格者日榜其名，试院欲开，余人方知中选。后又置御试。已会中选者，皆当至其国都，不复试文，只以会试榜殿廷唱第而已。士人颇以为苦，多不愿往，则就燕径官之，御试之制遂绝。又有明经、明法、童子科，然不擢用，止于簿尉。明经至于为直省官，事宰执，持笔研。童子科止有赵宪甫，位至三品。

校注：

〔一〕唯杂犯者黜　杂犯，亦称"违式"，即在考卷中出现错别字、真草不分、文不对题、触犯忌讳等现象。

[二]沙袋　刑具名。《辽史·刑法制》："辽穆宗时制,用熟皮合缝之,长六寸,广二寸,柄一尺许。凡杖五十以上者,以沙袋决之。有重罪者将决,以沙袋于脽骨之上及四周击之。"

省部有令史[一],以进士及第者为之[二]。又有译史[三],或以练事,或以关节。凡递敕或除州太守,告令史、译史送之,大州三数百千,帅府千缗。若兀术诸贵人除授,则令宰执子弟送之,获数万缗。

校注:

[一]令史　官名,主文书。

[二]以进士及第者为之　按金代科考制度,若御试五次被黜,则赐予及第,叫作特恩。

[三]译史　官名,掌通译外族语言。

北方苦寒,故多衣皮,虽得一鼠,亦褫皮藏去[一]。妇人以羔皮帽为饰,至直十数千[二],敌三犬羊之价。不贵貂鼠,以其见日及火,则剥落无色也。

校注:

[一]褫皮　褫,音 chǐ,剥夺,扒掉。

[二]至直十数千　"直"通今"值"。

初,汉儿至曲阜,方发宣圣陵,粘罕闻之,问高庆绪渤海人。曰:"孔子何人?"对曰:"古之大圣人。"曰:"大圣人墓岂可发?"皆杀之,故阙里得全。

燕京茶肆,设双陆局,或五或六,多至十博者,蹴局如南人茶肆中置棋具也。

女真多白芍药花,皆野生,绝无红者。好事之家,采其芽为菜,以面煎之,凡待宾、斋素则用,其味脆美,可以久留。无生姜,至燕方有之。每两价至千二百金,人珍甚,不肯妄设。遇大宾至,缕切数丝置碟中以为异品,不以杂之饮食中也。

西瓜形如匾蒲而圆,色极青翠,经岁则变黄。其脙类甜瓜[一],味甘脆,中有汁,尤冷。《五代史·四夷附录》云:"以牛覆棚种之。"予携以归,今禁圃、乡圃皆有。亦可留数月，但不能经岁，仍不变黄色。鄱阳有久苦目疾者，曝干服之而愈，盖其性冷故也。

校注：

〔一〕其瓞类甜瓜　瓞，音dié，瓜之小者。

长白山在冷山东南千余里，盖白衣观音所居。其山禽兽皆白，人不敢入，恐秽其间，以致蛇虺之害〔一〕。黑水发源于此，旧云粟末河〔二〕；契丹德光破晋，改为混同江。其俗刳木为舟〔三〕，长可八尺，形如梭，曰"梭船"，上施一桨，止以捕鱼。至渡车，则方舟或三舟。后悟室得南人，始造船如中国。运粮者，多自国都往五国头城〔四〕载鱼。

校注：

〔一〕以致蛇虺之害　虺，音huǐ，古书上所说的一种毒虫。

〔二〕黑水发源于此，旧云粟末河　"粟末"一词疑乃东北古民族秽貊的音转，作为水名，一般指今松花江。黑水，当指今松花江全段及黑龙江下游。

〔三〕刳木为舟　刳，音kū。即将原木剖开挖空做成独木舟。

〔四〕五国头城　辽时，在今黑龙江省依兰以东至乌苏里江口的松花江两岸有剖阿里、盆奴里、奥里米、越里笃、越里吉五国部落归附，设节度使领之，称为五国城。其中越里吉即在今依兰，称为五国头城，传说宋徽宗囚死于此。

西楼有蒲，濒水丛生。一干，叶如柳，长不盈寻丈。用以作箭，不矫揉而坚，左氏所谓"董泽之蒲"是也。

关西羊，出同州、沙苑〔一〕，大角虬上盘至耳。最佳者，为卧沙细肋。北羊皆长面、多髯，有角者百无二三，大仅如指，长不过四寸，皆目为白羊，其实亦多浑黑。亦有肋细如箸者，味极珍。性畏怯，不抵触，不越沟堑。善牧者，每群必置羖羪羊数头〔二〕，羖羪音古力。北人讹呼羖为骨。仗其勇狠〔三〕，行必居前，遇水则先涉，群羊皆随其后。以羖羪发风〔四〕，故不食。生达靼者，大如驴，尾巨而厚。类扇，自脊至尾或重五斤，皆背脂〔五〕，以为假熊白。食饼饵，诸国人以它物易之。羊顺风而行，每大风起，至举群万计皆失亡。牧者驰马寻逐，有至数百里外方得者。三月、八月两剪毛，当剪时如欲落絮，不剪则为草绊落。

可撚为线。春毛不直钱，为毡则蠹，唯秋毛最佳。皮皆用为裘。凡宰羊，但食其肉。贵人享重客〔六〕，间兼皮以进，必指而夸曰："此潜羊也。"

校注：

〔一〕同州、沙苑　同州：西魏时置，治所在今陕西省大荔县。以此地为中心，附近十余县均畜养我国优良的绵羊品种，因大荔旧称同州，故称此品种为"同羊"，至今依然。沙苑：又名沙阜、沙海、沙窝，在陕西大荔南洛、渭之间。东西八十里，南北三十里，地多沙草，宜畜牧。

〔二〕羖㹉羊　羖音 gǔ，黑色的公羊。

〔三〕仗其勇狠　"狠"原作"很"。辽海本作"狠"，文义可通，今据改。

〔四〕发风　中医把"风、寒、暑、湿、燥、火"称为"六淫"，列为病因。发，引起。

〔五〕膋脂　膋，音 liáo，肠部的脂肪。

〔六〕贵人享重客　贵人，公卿大夫。享，飨宴。

回鹘豆，高二尺许，直干，有叶，无旁枝。角长二寸，每角止两豆，一根才六七角。色黄，味如栗。

渤海螃蟹，红色，大如碗。螯巨而厚，其跪如中国蟹螯〔一〕。石举、鲩鱼之属皆有之〔二〕。

校注：

〔一〕其跪如中国蟹螯　螯，指蟹的第一对步足，形状似钳，能开合。跪，亦为蟹足。《荀子·劝学》："蟹六跪而二螯。"

〔二〕石举、鲩鱼　石举，不可考，疑即石首鱼。鲩鱼，属淡水小型鱼类，亦称鲨鲩。

自上京至燕二千七百五十里。上京即西楼也〔一〕，三十里至会宁头铺〔二〕，四十五里至第二铺，三十五里至阿萨铺，四十里至来流河，四十里至报打孛堇铺，七十里至宾州，渡混同江七十里至北易州，五十里至济州东铺，二十里至济州，四十里至胜州铺，五十里至小寺铺，五十里至威州，四十里至信州北，五十里至木阿铺，五十里至没瓦铺，五十里至奚营西，四十五里至杨相店，四十五里至夹道店，五十里至安州南铺，四十里至宿州北铺，四十里至咸州南铺，四十里至铜州南铺，四十里至银州南铺，五十里至兴州，四十里至蒲河，四十里至沈州，六十里至广州，七十里至大口，六十里至梁鱼务，三十五里至兔儿埚，五十里至沙河，五十里至显州，五十里至军官寨，四十里至惕隐寨，四十里至茂州，四十里至新城，四十里至麻吉步落，四十里至胡家务，四十里至童家庄，四十里至桃花岛，四十里至杨家馆，五十里至隰州，四十里至石家店，四十里至来州，四十里至南新寨，四十里至千州，四十里至润州，三十里至旧榆关，三十里至新安，四十里至双望店，四十里至平州，四十里至赤峰口，四十里至七个岭，四十里至榛子店，四十里至永济务，四十里至沙流河，四十里至玉田县，四十里至罗山铺，三十里至蓟州，三十里至邦军店，三十五里至下店，四十里至三河县，三十里至潞县，三十里至交亭，三十里至燕。自燕至东京，一千三百十五里。自东京至泗州，一千三十四里。自云中至燕山，数百里。皆下坡。其地形极高，去天甚近。

校注：

〔一〕上京即西楼也　此处说法有误。这里所言"上京"，当指金上京会宁府，故址在今黑龙江省哈尔滨市阿城区；而"西楼"则在今内蒙古巴林左旗，后在此地建辽上京临潢府。若谓辽上京即西楼也，尚可，但绝不可将金上京与西楼混为一地。

〔二〕下文中，洪皓本人谈及他南归时一路经过的地名、水名，请参见李健才先生著《东北史地考略》（吉林文史出版社，1986 年）。

虏之待中朝使者、使副，日给细酒二十量罐，羊肉八斤，果子钱五百，杂使钱五百，白面三斤，油半斤，醋二斤，盐半斤，粉一斤，细白米三升，面酱半斤，大柴三束。上节，细酒六量罐，羊肉五斤，面三斤，杂使钱二百，白米二升。中节，常供酒五量罐，羊肉三斤，面二斤，杂使钱一百，白米一升半。下节，常供酒三量罐，羊肉二斤，面一斤，杂使钱一百，白米一升半。

天眷二年，奏《请定官制》札子〔一〕：窃以设官、分职、创制、立法者，乃帝王之能事，而不可阙者也。在昔致治之主靡不皆然〔二〕。及世之衰也，侵冒放纷，官无常守，事与言戾，实由名丧，至于不可复振。逮圣人之作也，铲弊救失，乘时变通，致治之具，然后焕然一新。"九变复贯，知言之选"，其此之谓矣。太祖皇帝圣武经略，文物度数，曾不遑暇。太宗皇帝嗣位之十二载也，威德畅洽，万里同风，聪明自民，不凝于物。始下明诏，建官正名，欲垂范于将来，以为民极。圣谟弘远，可举而行；克成厥终，正在今日。伏惟皇帝陛下，天性孝德，钦奉先猷，爰命有司，用精详订。臣等谨按，当唐之治朝，"品位""爵秩""考核""选举"，其法号为精密，尚虑拘牵，故远自开元所记，降及辽宋之传，参用讲求。有便于今者，不必泥古；取正于法者，亦无徇习。今先定到官号、品次、职守，上进御府，以尘乙览，恭俟圣断，曲加是正。言顺事成，名宾实举，兴化阜民，于是乎在。凡新书未载，并乞姑仍旧贯。徐用讨论，继此奏请。臣等顾惟虚薄，讲究不能及远，以塞明命是惧。倘涓埃有取，伏乞先赐颁降施行〔三〕。

校注：

〔一〕札子　向皇帝进言议事的奏章。

〔二〕在昔致治之主靡不皆然　"致"原作"制"。辽海本作"致"，文义可通，今据改。

〔三〕伏乞先赐颁降施行　辽海本"赐"作"次"。

答诏曰：朕闻"可则循，否则革，事不惮于改"。为言之易，行之难。政或讥于欲速，审以后举，示将不刊。爰自先皇，已颁明命；顺考古道，作新斯人。欲端本于朝廷，首建官于台省。岂止百司之职守，必也正名，是将一代之典章，无乎不在。能事未毕，眇躬嗣承；惧坠先猷，惕增夕厉；勉图继述，申命讲求。虽曰法唐，宜后先之一揆；至于因夏，固损益之殊途。务折衷以适时，肆于今而累岁。庶同乃绎，仅至有成。掇所先行，用敷众听。作室肯构，第遵底法之良；若网在纲，庶弥有条之紊。自余款备，继此施陈。已革乃孚，行取四时之信；所由适治，揭为万世之常。凡在见闻，共思遵守。

翰林学士韩昉〔一〕撰诏书曰：皇祖有训，非继体者所敢忘；圣人无心，每立事于不得已。朕丕承洪绪，一纪于兹；祗遹先猷，百为不越。故在朝廷之上，其犹草昧之初。比以大臣力陈恳奏，谓纲纪之未举，在国家以何观？且名可言，而言可行。所由集事，盖变则通，而通则久。故用裕民，宜法古官，以开政府；正号以责实效，著仪而辨等威。天有雷风，辞命安得不作？人皆颜闵，印符然后可捐。凡此数条，皆今急务。礼乐之备，源流在兹。祈以必行，断宜有定；仰惟先帝，亦鉴微衷。神岂可诬，方在天而对越；时由偶异，若易地则皆然。是用载惟，殆非相反，何必改作。盖尝三复于斯言，皆曰可行；庶将一变而至道，乃从所议。用创新规，维兹故土之风，颇尚先民之质。性成于习，遽易为难；

政有所因，姑宜仍旧。渐祈胥效，翕致大同。凡在迩遐，当体朕意。其所改创事件，宜令尚书省就便从宜施行。

校注：

[一]韩昉　字公美，燕京人，累世仕辽。昉于辽天庆二年（1112）中进士第一，历官翰林侍讲学士、礼部尚书、参知政事，封郓国公。昉一生嗜读，善属文，尤长于诏册。熙宗完颜亶自幼受教于昉。

宋、兖诸王之诛[一]，韩昉作诏曰：周行管叔之诛，汉致燕王之辟。兹维无赦，古不为非。岂亲亲之道有所未敦，以恶恶之心是不可忍。朕自惟冲昧，猥嗣统临，盖由文烈之公，欲大武元之后。德虽为否，义亦当然。不图骨肉之间，有怀蜂虿之毒。皇伯、太师、宋国王宗磐，族联诸父，位冠三师，始朕承祧，乃系协力。肆登极品，兼绾剧权，何为失图，以底不类？谓为先帝之元子，常蓄无君之祸心。昵信宵人，煽为奸党，坐图问鼎，行将弄兵。皇叔、太傅、领三省事、兖国王宗隽，为国至亲，与朕同体，内怀悖德，外纵虚骄。肆己之怒，专杀以取威；擅公之财，市恩而惑众。力摈勋旧，欲孤朝廷；即其所疏，济以同恶。皇叔、虞王宗英，滕王宗伟，殿前左副点检浑睹，会宁少尹胡实剌，郎君石家奴，千户述离古楚等，竞为祸始。举好乱，从逞躁，欲以无厌助逆谋之妄作。意所非冀，获其必成。先将贼其大臣，次欲危其宗庙。造端累岁，举事有期，早露端倪。每存含覆[二]，第严禁卫，载肃礼文。庶见君亲之威，少安臣子之分，蔑然不顾，狂甚自如。尚赖神明之灵，克开社稷之福。日者，叛人吴十，稔心称乱，授首底亡。爰致克奔之徒，乃穷相与之党，得厥情状，孚于见闻，皆由左验以质成，莫敢诡辞而抵谰。欲申三宥，公议岂容！不顿一兵，群凶悉殄。于今月三日，已各伏辜，并令有司除属籍讫。自余诖误，更不蹑寻；庶示宽容，用安反侧。民画衣而有犯，古犹钦哉；予素服以如丧，情可知也。

校注：

[一]宋、兖诸王之诛　宋王，指太宗长子宗磐（本名蒲鲁虎）；兖王，太祖子宗隽（本名讹鲁观）。天眷二年（1139）七月，二人谋反，宗干、宗弼与希尹联合杀之。

[二]每存含覆　辽海本"含"作"舍"。

陈王悟室《加恩制》词曰：贵贵尊贤，式重仪刑之望；亲亲尚齿，亦优宗族之恩。朕俯迪群情，祇膺显号，爰第景风之赏，孰居台曜之先。凡尔在廷，听予作命。具官属为诸父，身相累朝，蹈五常九德之规，为四辅三公之冠。当艰难创业之际，藉左右宅师之勤；如献兆之信著龟，如济川之待舟楫。迪我高后，格于皇天，属正统之有归，赖嘉谋之先定。缉熙百度，董正六官，雍容以折肘腋之奸，指顾以定朔南之地。德业并茂，古今罕伦。迫兹庆赐之颁[一]，询及金谐之论。谓上公之加命有九，而天下之达尊者三。既已兼全，无可增益，乃敷求于载籍，仍自断于朕心。杖以造朝，前已加于异数；坐而论道，今复举于旧章；萧相国赐诏不名，安平王肩舆升殿。并兹优渥，以奖耆英。于戏！建无穷之基，则必享无穷之福；锡非常之礼，所以报非常之功。钦承体貌之隆，共对邦家之祉。

校注：

[一] 迫兹庆赐之颁　辽海本"迫"作"造"，似通。

皇后裴摩申氏谢表曰[一]：龙衮珠旒，端临云陛；玉书金玺，荣畀椒房。恭受以还，凌兢罔措。恭惟道兼天覆，明并日升。诚意正心，基周王之风化；制礼作乐，焕尧帝之文章。俯矜奉事之劳，饬遣光华之使。温言奖饰，美号重仍；顾拜命之甚优，惭省躬而莫称。谨当恪遵睿训，益励肃心，庶几妇道之修，仰助人文之化。后父小名胡搭。

校注：

[一] 皇后裴摩申氏　金熙宗后，姓裴满氏。天眷元年（1138）立为皇后，后因干预朝政被诛，谥为"悼平皇后"。裴摩申，当为裴满一音的别译。

渤海贺正表曰[一]：三阳应律，载肇于岁华；万寿称觞，欣逢于元会。恭惟受天之祐，如日之升。布治惟新，顺夏时而谨始；卜年方永，迈周历以垂休。臣幸际明昌，良深抃颂。远驰信币，用申祝圣之诚；仰冀清躬，茂集履端之庆。

校注：

〔一〕贺正表　一国向另一国祝贺正旦（正月初一）的国书，由所派的贺正旦国信使呈递。该表当为渤海向辽所进。

夏国贺正表曰：斗柄建寅，当帝历更新之旦；葭灰飞管，属皇图正始之辰。四序推先，一人履庆。恭惟化流中外，德被迩遐〔一〕，方熙律之载阳，应令候而布惠。克凝神于窔奥〔二〕，务行政于要荒。四表无虞，群黎至治。爰凤阙届春之早，协龙廷展贺之初。百辟称觞，用尽输诚之意；万邦荐祉，克坚献岁之心。臣无任云云。大使武功郎没细好德、副使宣德郎李膺等赍表诣阙以闻。

校注：

〔一〕德被迩遐　辽海本"被"作"视"。
〔二〕克凝神于窔奥　辽海本"窔"作"突"。窔，音 yào，幽深之意。

高丽贺正表曰：帝出乎震，方当遂三阳之生；王次于春，所以大一统之始。覆帱之内，欢庆皆均。恭惟中孚应天，大有得位。所过者化，阅众甫以常新；不怒而威，观庶邦之率服。茂对佳辰之复，备膺诸福之休。臣幸遭昌期，远居外服，上千万岁寿。曾莫预于胪传，同亿兆人心〔一〕，但窃深于善祝云云。使朝散大夫、卫尉少卿、轻车都尉、赐紫金鱼袋李仲衍奉表称贺以闻。

校注：

〔一〕同亿兆人心　亿原作"意"。辽海本作"亿"，文义可通，今据改。

右《松漠纪闻》二卷。先君衔使十五年，深厄穷漠〔一〕，耳目所接，随笔纂录。闻孟公庾发箧汴都〔二〕，危变归计，创艾而火其书〔三〕，秃节来归〔四〕。因语言得罪柄臣〔五〕，诸子佩三缄之戒，循陔侍膝〔六〕，不敢以北方事置齿牙间。及南徙炎荒〔七〕，视膳余日，稍亦谈及远事。凡不涉今日强弱利害者，因操觚记其一二。未几，复有私史之禁，先君亦枕末疾，遂废不录。及柄臣盖棺，弛语言之律，而先君已赍恨泉下。鸠拾残稿〔八〕，仅得数十事，反袂拭面，著为一编。绍兴丙子夏，长男适谨书〔九〕。

校注：

［一］深厄穷漠　厄，灾难，困苦；穷漠，荒远之地。

［二］孟庾　1140年，金兀术分四路南侵，孟庾率官吏迎拜兀术入城。1142年宋金议和，金允许孟庾等宋人南归。孟经汴梁时，被金人搜出所携书札，后几经周折才放之回宋。

［三］创艾而火其书　创艾：鉴戒；戒惧。

［四］秃节　谓节毛尽脱也。节：符节，节头有旄（牦牛尾作的装饰），古时使臣执以示信之物。

［五］柄臣　掌握朝中权柄的重臣。这里暗指奸相秦桧。

［六］循陔侍膝　循陔，谓奉养父母。侍膝，意为侍奉父母。

［七］炎荒　宋时广东、云南、广西、福建一带尚未得到开发，再加之酷热难当，故有炎荒之称。

［八］鸠拾残稿　鸠，聚集。

［九］绍兴丙子，即绍兴二十六年（1156）。洪适（1117—1184），洪皓长子，字景伯，号盘州。绍兴十二年（1142）中博学宏词科。次年，父自金归，忤秦桧，谪官安置英州，适亦遭罢官。孝宗时，任司农少卿，累官至同中书门下平章事，兼枢密使。好收藏金石拓本，并据以证史传讹误，考核颇精。著有《盘洲集》《隶释》等。

松漠纪闻补遗

虏中庙讳尤严^{〔一〕}，不许人犯。尝有一武弁，经西元帅投牒^{〔二〕}，误斥其讳，杖背流递^{〔三〕}。武元初，只讳旻^{〔四〕}，后有申请云：旻，闵也。遂并闵讳之。

校注：

〔一〕庙讳　专指皇帝父祖的名讳。

〔二〕经西元帅投牒　西元帅，当为金右副元帅宗翰，亦即前文中所提"粘罕"。投牒，下公文。

〔三〕流递　在沿途各地依次押送下，把犯人遣送到边远之地服劳役。

〔四〕武元初，只讳旻　武元，为金太祖完颜阿骨打谥号"大圣武元皇帝"的缩称。旻，为阿骨打的汉名。

虏中中丞唯掌讼牒，若断狱会法，或春山秋水^{〔一〕}，谓去国数百里，逐水草而居处。从驾在外。卫兵物故^{〔二〕}，则掌其骸骼，至国则归其家。谏官并以他官兼之，与台官皆备员，不弹击外道^{〔三〕}。虽有漕使，亦不刺举^{〔四〕}。故官吏赃秽，略无所惮。

校注：

〔一〕春山秋水　此处"山""水"二字互倒，应为"春水秋山"。原契丹贵族每年都举行春秋"捺钵"，亦即春蒐秋狝。女真灭辽后，继承了这一遗俗，但在提法上有了改变，由契丹语"捺钵"改为汉语"春水秋山"。春水：在正、二月举行，凿冰取鱼。冰泮，乃纵鹰鹘捕天鹅、鸢猎网钓，春尽乃还。秋山：七月中旬自纳凉处起牙帐，入山射鹿与虎。

〔二〕物故　殁，亡故。

〔三〕谏官，掌建言的谏议大夫等。台官，掌纠弹的御史。外道，地方官的通称，对中央政府而言。

〔四〕刺举　刺探并举发人的过恶。

虏法，文武官不以高下，凡丁家难未满百日〔一〕，皆差监关税、州商税、院盐铁场，一年为任，谓之"优饶"。其税课倍增者，谓之"得筹"。每一筹，转一官。有岁中八、九迁者。近有止法，不得过三官。富者择课额少处受之，或以家财贴纳，只图迁转。其不欲迁者，于课利多处，除岁额外，公然分之。

校注：

〔一〕凡丁家难未满百日　丁，正当，值。

虏中有负犯者，不责降，只差监盐场。课额虽登，出卖甚迟。虽任满去官，非卖尽不得仕，至有十年不调者。无磨勘之法〔一〕，每一任转一官，以二十五月为任。将满，即改除，并不待阙。

校注：

〔一〕磨勘之法　考核官员以备迁转的制度。宋时官员迁转皆有定年，任内每年勘验其劳绩过失，吏部复查后决定迁转官阶。

北地汉儿张献甫作太原都军都监也。其姊夫刘思与侍郎高庆裔为十友之数。张有一犀带，国初钱王所献者，号镇国宝带。是正透，中间龙形。

契丹重骨咄犀〔一〕。犀不大，万株犀无一不曾作带。纹如象牙，带黄色。止是作刀把，已为无价。天祚以此作兔鹘中国谓之腰条皮，插垂头者。

校注：

〔一〕骨咄犀　兽角名，亦作骨朵犀，可以制为器物，如刀柄、鞍勒等，还可磨粉入药。

鹿顶合〔一〕，燕以北者方可车，须是未解角之前，才解角，血脉通，冬至方解。顶之上为合，正须亦作合。好者有人字，不好者成八字，有髓眼，不实。北人谓角为鹿角合，顶为鹿顶合。南中止有鹿角合。南鹿不实，定有髓眼，不可车。北地角未老，不至秋时不中。

校注：

〔一〕鹿顶合　鹿砍茸后结痂骨化而成，当新茸长出即脱落。俗称鹿顶帽。

麋角与鹿角不同。麋角如驼骨，通身可车，却无纹。生枝不比鹿，皆小。鹿顶骨有纹，上下无之，亦可熏成纹。

犀有三种：重透，外黑，有一晕，白中又黑，世艰得之；正透，又曰通犀；倒透，亦曰花犀或班犀，有游鱼形。诸犀中，水犀最贵。秀州周通直家有正透犀带，其中一点白，以纸灯近之〔一〕，即时灭，有湿气，疑是水犀。

校注：

〔一〕以纸灯近之　"灯"原作"镫"。今据辽海本迳改。

耀段，褐色。泾段，白色。生丝为经，羊毛为纬，好而不耐。丰段，有白有褐，最佳。驼毛段，出河西，有褐有白。

秋毛最佳，不蛀。冬间毛落，去毛上之粗者，取其茸毛。皆关西羊为之，蕃语谓之羖劤。北羊，止作粗毛。

先忠宣《松漠纪闻》，伯兄镂板歙越〔一〕。遵来守建业，又刻之。暇日搜阅故箧，得北方十有一事，皆曩岁侍旁亲闻之者，目曰"补遗"，附载于此。乾道九年六月二日，第二男资政殿大学士、左中大夫、知建康府、江南东路安抚使兼行宫留守遵谨书〔二〕。

校注：

〔一〕歙越　即今安徽歙县，因春秋时为越国之地，故名。

〔二〕乾道九年　公元1173年。洪遵（1120—1174），洪皓次子，字景严。绍兴进士，累官至翰林学士、翰林学士承旨、同知枢密院事。为官颇有治绩。喜好收藏历代钱币，通晓本朝翰院故实。著有《泉志》《翰苑群书》等。

松漠纪闻考异

松漠纪闻　鄱阳本题"松漠纪闻卷上"六字，照旷阁本遵《四库全书提要》题"松漠纪闻"四字，今从之。影宋建康本作"松漠记闻上"。案《宋史·艺文志》《洪皓传》《盘洲文集·先君述》均作"松漠纪闻"。尤袤《遂初堂书目·地理类》有"松漠记闻"。周应合《景定建康志·书版类》载"松漠记闻四十五版"。尤、周所见与影宋建康本合。影宋建康本分上下二卷。上卷十九版，版心题"记闻上"三字。下卷并补遗共十八版，版心题"记闻下"三字。每版二十行，每行十八字。

东汉谓之挹娄　照旷阁本、鄱阳本同。影宋建康本"挹"误"把"。案：挹娄见《魏书》。

其属分六部　影宋建康本、照旷阁本同。鄱阳本脱"分"字。

阔处百余步　照旷阁本作"至百步"，鄱阳本同。从影宋建康本改。

更为女直　照旷阁本"直"下注"契丹之讳曰宗真"七字。鄱阳本同。影宋建康本无。

予尝自宾州涉江　照旷阁脱"州"字。鄱阳本同。从影宋建康本补。

数十家耳　照旷阁本"耳"下注"生女真即金国也"。影宋建康本、鄱阳本并无。

女真酋长　影宋建康本、照旷阁本同。鄱阳本"酋长"作"之主"。

号完颜氏完颜犹汉言王也　鄱阳本"完"误"定"。影宋建康本无"氏完颜"三字。从照旷阁本改补。

熟女真酋长　影宋建康本、照旷阁本同。鄱阳本"酋"作"之"。

八代祖名讹　影宋建康本、照旷阁本同。鄱阳本"讹"作"谥"。

追谥惠桓皇帝号景祖配曰昭肃皇后　照旷阁本、鄱阳本并同。影宋建康本"惠"下无"桓"字，"昭"下无"肃"字。

吴乞买立更名晟　影宋建康本脱"更"字。照旷阁本同。从鄱阳本补。

屠姑坦氏　影宋建康本、鄱阳本同。照旷阁本"姑"误"始"。

邬感切　影宋建康本、照旷阁本同。鄱阳本无。

揩板彼云大也　影宋建康本、照旷阁本同。鄱阳本无。

本曰粘汉至儿也　影宋建康本、照旷阁本同。鄱阳本脱。

悟作邬音或云悟失　影宋建康本、照旷阁本同。鄱阳本脱。案：八字疑小注。

回鹘自唐末浸微　案：此条疑有错简。

密识其中下品　影宋建康本、照旷阁本同。鄱阳本"品"下有"者"字。

非其人为侩　影宋建康本、照旷阁本同。鄱阳本"侩"误"僧"。

如古之筜状　影宋建康本、照旷阁本同。鄱阳本"状"作"形"。

唯以打换达靼　影宋建康本、照旷阁本同。鄱阳本脱。

亦有起舞歌讴以侑觞者　影宋建康本、照旷阁本同。鄱阳本"讴"作"谣"。

乃三弹指于器上　影宋建康本"乃"误"云"。照旷阁本同。从鄱阳本改。

衣制皆如汉儿　影宋建康本、照旷阁本同。鄱阳本脱。

贱贸而去　影宋建康本、照旷阁本同。鄱阳本"贸"下有"易"字。

未六十余休致为僧　案："未"疑"年"误。

在渤海国都外三十里　影宋建康本脱"外"字。照旷阁本同。从鄱阳本补。

后役之益苛　影宋建康本、照旷阁本同。鄱阳本"苛"作"苦"。

盲骨子至卒令讲之　影宋建康本、照旷阁本同。鄱阳本脱此二条。

阿骨打愤甚　影宋建康本此及下并脱"阿"字。照旷阁本同，从鄱阳本补。

杙其胸不死　影宋建康本、照旷阁本同。鄱阳本"杙"误"戕"。

遇谍者　鄱阳本"谍"误"谋"。从影宋建康本、照旷阁本改。

跽于天祚前　影宋建康本、照旷阁本同。鄱阳本"跽"作"跪"。

其初走河西也　影宋建康本、照旷阁本同。鄱阳本"走"误"是"。

量轻重而打博　影宋建康本、照旷阁本同。鄱阳本作"博"易"之"。

大概以小名居官上　影宋建康本、照旷阁本同。鄱阳本"大"误"人"。

日高不来　影宋建康本、照旷阁本同。鄱阳本"高"下有"而"字。

大音桠　影宋建康本、照旷阁本同。鄱阳本脱。

以配部落之最贱者　影宋建康本、照旷阁本同。与《三朝北盟会编》合。鄱阳本作"无娶者"。

余都姑遣使打话　影宋建康本脱"余"字。照旷阁本同。从鄱阳本补。

余都姑谋诛西军　影宋建康本此及下并脱"姑"字。照旷阁本同。从鄱阳本补。

则以金银炕贮之其次以瓦炕　影宋建康本、照旷阁本同。鄱阳本"炕"作"器"。

酒三行　影宋建康本、照旷阁本同。鄱阳本"行""三"倒。

进大软脂小软脂　影宋建康本、照旷阁本同。鄱阳本脱"小软脂"。

奴曰亚海婢曰亚海轸　影宋建康本、照旷阁本同。鄱阳本脱。

牛马十数群　影宋建康本、照旷阁本同。鄱阳本作"数十群"。

夫谓妻为萨那罕妻谓夫为爱根　影宋建康本、照旷阁本同。鄱阳本脱。

女真旧绝小至谓之周正　影宋建康本、照旷阁本同。鄱阳本此段脱。

每捕获论罪外　影宋建康本、照旷阁本同。鄱阳本"论"作"问"。

帝后见像设皆梵拜　影宋建康本、照旷阁本同。鄱阳本脱。

然皆建院　影宋建康本"建"误"律"。照旷阁本同。从鄱阳本改。

有兼官至检校司空者　影宋建康本、照旷阁本同。鄱阳本"兼"作"累"。

蒲路虎曰皇帝临遣时　影宋建康本此及下并脱"蒲"字。照旷阁本同。从鄱阳本补。

共辇而载　影宋建康本、照旷阁本同。鄱阳本"共"误"其"。

上下重轻皆出其手　影宋建康本，照旷阁本同。鄱阳本作"轻重"。

须臾出郛　影宋建康本、照旷阁本同。鄱阳本"郛"作"郭"。

盲骨子其人长七八尺　影宋建康本、照旷阁本同。鄱阳本"盲"误"育"。

松漠纪闻续　照旷阁本遵《四库全书提要》题"松漠纪闻续"五字。鄱阳本题"松漠纪闻卷下"。影宋建康本作"松漠纪闻下"。

熙州野外泺水有龙见　案：此条见《金史·五行志》，"托"作"承"，"衫"作"袍"，"少年"下脱"中"字。

仍决沙袋　影宋建康本、照旷阁本同。鄱阳本"袋"误"汰"。案《辽史·刑法志》：凡杖五十以上者，以沙袋决之。沙袋者，穆宗时制，其制，用熟皮合缝之，长六寸，广二寸，柄一尺许。

长白山至董泽之蒲是也　二段鄱阳本脱。从影宋建康本、照旷阁本补。

恐秽其间以致蛇虺之害　影宋建康本、照旷阁本同。《三朝北盟会编》"以""间"互倒。

多自国都　影宋建康本、照旷阁本同。《三朝北盟会编》脱"都"字。

亦有肋细如箸者味极珍　影宋建康本、照旷阁本同。鄱阳本"珍"作"佳"。

回鹘豆至皆有之　二段鄱阳本脱。从影宋建康本、照旷阁本补。

其跪如中国蟹螯　案荀子《劝学篇》："蟹六跪而二螯"，注：跪，足也。

圣武经略　影宋建康本"略"作"启"。照旷阁本同。从鄱阳本改。

天性孝德　影宋建康本"天"作"上"。照旷阁本同。从鄱阳本改。

徐用讨论　影宋建康本、照旷阁本同。鄱阳本"徐"误"除"。

言之易行之难　影宋建康本"行"作"成"。照旷阁本同。从鄱阳本改。

作室肯构　照旷阁本、鄱阳本同。影宋建康本"肯"下注："太上御名"，不出"构"。

时由偶异　影宋建康本"异""偶"互倒。照旷阁本同。从鄱阳本改。

有所未敦　照旷阁本、鄱阳本同。影宋建康本"未"下注："字犯庙讳"，不出"敦"。

竞为祸始 照旷阁本、鄱阳本同。影宋建康本"竞"作"亲"。

莫敢诡辞而抵谰 影宋建康本、鄱阳本同。照旷阁本"抵"作"诋"。案《汉书》文《三王传》"抵谰"置辞，师古注：抵，距也；谰，诬讳也。

身相累朝 影宋建康本、照旷阁本同。鄱阳本"累"作"两"。

德被迩遐 影宋建康本"被"误"视"。照旷阁本同。从鄱阳本改。

宣德郎李膺等 照旷阁本"李"作"季"。鄱阳本同。今从影宋建康本。

臣幸遘昌期遐 照旷阁本、鄱阳本同。影宋建康本"幸"下注："太上御名"，不出"遘"。

跋

右松漠纪闻二卷 七字照旷阁本无。鄱阳本作"松漠纪闻正续二卷"，影宋建康本作"右松漠记闻二卷"，余并同。《盘洲集》第六十二卷载此跋作"右松漠纪闻一卷"，与各本异。

秃节来归 《盘洲集》"秃"作"握"。

凡不涉今日强弱 《盘洲集》"涉"作"关"。

著为一编 《盘洲集》无此四字，有"不复汇次，或可广史氏之异闻云尔"十四字。

绍兴丙子夏长男适谨书 《盘洲集》无此十字。

补遗

中国谓之腰条皮 照旷阁本、鄱阳本同。影宋建康本"条"误"修"。

后跋

乾道九年六月二日 影宋建康本、照旷阁本同。鄱阳本"九"误"五"。

松漠纪闻考异跋

　　《松漠纪闻》一书，昭文张氏刊入《学津讨原》中，世称照旷阁本，与乾隆庚戌鄱阳本互有异文。《遂初堂书目》《景定建康志》并称"松漠记闻"，书名与《宋史·艺文志》《盘洲文集》偶有未合。临川桂氏所藏影写宋本正作"记闻"，前后共三十七版。卷中于宋高宗庙讳注云："太上御名"，于朝廷宫禁等字，皆上空一格。以文安跋语考之，似从乾道建康本影写者。然《景定建康志·书版类》载《松漠纪闻》四十五版，版数又偶未合。今参用三本校刻，而记其异文于后，书名一仍张本、鄱阳本之旧。近时鲍氏仿刻张本，宜黄仿刻鄱阳本，不足据。依前明吴琯《古今逸史》、李栻《历代小史》、顾元庆《文房小说》、袁褧《四十家小说》并收此书，亦称"纪闻"。俟续加校订，以质后之君子。

　　同治十二年癸酉秋七月环芝洪佩声谨识于藤谿义学之时敏堂。

松漠纪闻校勘记*

　　二页十行"襄",元本作"哀"。十一行"惠",元本作"忠"。十七行"戊申"下,元本脱"生"字。三页一行"景"下,元本无"宣"字。十二行"磐",元本误"磬"。四页三行"邬",元本作"鄢";"失",元本作"夫"。九行元本脱一"瑟"字。十行"肭"上"膃"字,元本缺;"宾",元本作"宝";"乌"作"马"。五页七行"背",元本作"皆"。十一行"末",元本误"朱"。六页六行"濡",元本作"需"。十七行"大"作"天","名"作"各"。十九行"其",疑当作"共"。七页三行"怨",元本作"多"。五行"数千"作"数本"。九行"立",元本作"兵"。十五行"遗",元本误"道";"在"下不重,无"外"字。十七行"皆",元本作"背"。八页二行"会",元本误"曹"。六行"盲",元本作"育",下同。十三行"刲",元本作"刺";"杙"作"戕"。下行"胸"作"脑"。十页一行"兆",疑当作"召"。十二行"圆",元本作"围"。十一页一行"之最贱"三字,元本作"无娶"。十二行"垂"字,元本作"悬"。十五行"余都姑",当跳行另为一段。十八行元本脱"人"字。十二页十四行"必",元本作"亦"。十六行"舫",元本作"杯"。十三页八行"数十",元本作"数千"。十四页十七行"为",疑当作"遗"。十八行小注"兼",元本作"累"。末行"则",元本作"得"。十六页三行"诵",当作"讼"。十九行"霈",元本作"需"。续一页十二行"近",元本作"远"。三页九行"袋",元本作"汰"。四页十八行"月",元本作"日"。六页五行"举",元本作"鲎是"。八行"报",元本作"根"。十六行"蒲"下,元本有"州"字。十九行"隐",元本作"忆"。九页十二行"用",元本作"曰"。补遗二页十七行,元本"白"下有"惟"字,秋毛不跳行。

　　此书用泾县洪氏三瑞堂本付刊。刊成之后携至南京,用元本复校一过,颇多异同。元本极精工,初藏钱梦庐家,嗣归汪阆源,后又归丁松生,今存江南图书局。分上下两卷,首行作《松漠记闻》,次行题宋徽猷阁学士、赠太师、魏国公、谥忠宣洪皓撰。并弁国史传略一篇。校既讫,因逐条补记如右。丁巳四月胡思敬识。

---

　　*本记所言页、行数,均指《豫章丛书》本。

扈从东巡日录

清·高士奇 撰

陈见微 点校

点校前言

东北地处边陲，从远古起，就和中原地区发生联系，成为祖国领土不可分割的一部分。清朝立国后，为保护所谓"祖宗龙兴之地"，实行封禁，使得东北经济、文化大大落后于中原地区。典籍稀少，文风不开，不仅正史罕有记载，野史稗官也所见无多。其与东北有关者，首推南宋洪皓之《松漠纪闻》，其后有清人吴兆骞的《天东小纪》等，继之则为高士奇所撰之《扈从东巡日录》。可以说，本书是东北最早的地方史著作之一。

高士奇（1645—1703），字澹人，号江村，清初浙江钱塘人。《清史稿》有专传叙其生平事迹。其幼年好学颖悟，长则文思敏捷。家甚贫，尝鬻字为生。经明珠荐，入内廷供奉，授詹事府詹事。后充翰林院侍讲《大清一统志》总裁官。"仁皇喜其才便捷，凡遇巡狩出猎皆命其……扈从。"

康熙二十一年，圣祖东巡，高士奇以文学之士从，有感于"志阙辽左，文献无征"，尽管"跸警康衢，闾阎难问"，仍以"见闻所逮，约略志之"。初仅为上下两卷，上卷记从北京到盛京一路所经；下卷则叙从盛京到吉林，又返回北京的一路见闻。张玉书在叙中曾有"侍讲以所撰日录上下二卷示余"之说。东巡归后，高士奇将途中所记，加工润色，"总其时务，参以前史，公私两载，逐日成篇"，广征博引，补以附录。于康熙二十三年始克成书。

高氏著述宏富，除本书外，尚有《塞北小钞》《左传纪事本末》《江村消夏录》《松亭行纪》《春秋地名考略》《北墅抱瓮录》《经进文稿》《随辇集》《城北集》《苑西集》《左传国语辑注》《清吟堂集》《天禄识余》《读书笔记》等。

这部日记体裁的地方史著作，所记仅为八十日行程，经今河北、辽宁、吉林三省之地，最北面到达同为扈从的比利时传教士南怀仁称作"世界极端"的大乌喇虞村（今乌拉街）。八十日可谓短矣，但其内容上迄远古，下及清初，年深代远，历史悠长。

这部书以时间为经，以地望为纬，以史为内涵，将北京至吉林一路"所过山川、郡县、厄塞、要害之地"，探本求源，记其沿革变迁，或详或略，一一加以解说。详则不惮其烦，引经据典，征文考献，备述与此地有关之史实，同时，旁及资源物产、民族风情、山川气候、历史沿革、神话传说等，或述地理，或考地名，或记流人，或录土著……略则三言五语，一带而过。如记山海关，"本是元时迁民镇，故明中山王徐达守燕，相度地形，筑为关隘。门通一线，雉堞两重，北山南海，四塞险固。"其战略地位一目了然。过松山、杏山、锦州等地，则详记清太祖开基立业时与明朝的几场决战。虽旨在为封建帝王奋威扬烈，但却从中觇见历史变迁、朝代替换的史实。

东巡一行，纵横两千里，"备历松花、混同、白山、黑水……"，高氏所记，"盖有辽、金、元史所未具载，而胡峤、薛映诸人所未尝叙录者。"

这部书内容广博，征引赡富，或出自秘府所藏，或出自私人著述，"旁及山经地志，历历记载"。有时作者亲自跋山涉水，考察金石碑铭，访诸耆老硕彦，凭吊历史遗迹……加之高士奇"其才便捷"，使一路所记，更增添文采。文中有画，画中有诗，情景交融，浑然一体。虽然日日行山，天天见林，却绝无雷同之笔。其文词高雅，语言自然舒展、清新流畅，更有一睹为快之感。而且，叙议结合的写法，更使读者增添了无穷的回味，激发了对祖国河山的热爱之情。

总之，此书涉及政治、经济、军事、人民生活等各个方面，再现了边陲特色。使我们从不同侧面进一步了解了当时的社会风貌。

从十七世纪中叶起，沙俄开始不断进入黑龙江流域，掠我财富，侵我土地，杀我人民，继而公开煽动武装叛乱，严重威胁边境安宁与人民的安全。顺治十五年，清政府在"吉林西门外松花江北岸"设船厂，"水师船舰均在此处制造，黑龙江船舰亦寄此制造。"并派昂邦章京萨儿虎达总领此事，"所以征俄罗斯也"。

1661年，玄烨继位。当时，朝中内有辅政大臣鳌拜擅权跋扈，外有三藩拥兵作大。六年后，玄烨年十三始亲政，即将鳌拜"褫职""禁锢"，并下令撤藩，三藩遂公叛乱。玄烨调兵遣将，经过八年剿抚，终于将其平定。此后开始全面经营东北。并于1682年（康熙二十一年）亲赴吉林，视察武备，部署反侵略战争。

乌喇鸡陵（今吉林市），是当时的军事重镇，是水路连接祖国北方前线的枢纽，又是船厂和水师训练基地。"康熙十五年，移宁古塔将军驻镇于此。建木为城，依江而居，所统新旧满洲兵两千名，并徙各省流人数千户居此。修造战舰四十余艘，双帆楼橹，与京口战舰相类。又有江船数十，亦具帆樯，日习水战，以备老羌。"

康熙皇帝视察吉林后，由此乘船沿江顺流而下，向东巡终点，被称为"三省通衢"的大乌喇虞村进发。一路上，检阅了水师，并满怀激情地写下了《松花江放船歌》。唱出了"连樯接舰屯江城，犰狨健甲皆锐精，旌旄映水翻朱缨"的诗句，表达了反侵略战争的必胜信心。

乌喇鸡陵及大乌喇虞村不仅战略地位重要，而且在某种程度上也可看作清朝开基立业的基础。《吉林通志·序》云："开国功臣隶吉林者十六七"。仅就乌拉出身，参与清初统一战争之将士，有名姓可录者就达五十余人。又因其资源富饶，乌拉成为清王室的纳贡地。其居民"皆八旗壮丁，夏取珠，秋取参，冬取貂皮，以给公家及王府之用"。虽只数语，却清楚地道出了乌拉的特殊地位。

东巡归后，康熙马上"调乌喇、宁古塔兵，并置造船舰于黑龙江、呼马儿等处驻守"。第二年，造船运粮松花江上，又设立从吉林乌喇到瑷珲之驿站。经过缜密准备，终于取得了雅克萨之战的胜利，并于1689年签订《尼布楚条约》，确定了中俄东段边界。

书中有关民俗记载，生动地再现了祖国边陲民族的特色，在这块富饶的土地上，他们顽强地生活着奋斗着，和各族人民一起，筚路蓝缕，披荆斩棘，共同开发了祖国的东北。本书保存了有清以来吉林风俗的最早记录，其中一些内容第一次见于书面记载。高士奇扈从东巡，停留松花江上旬有余日，目睹土人日用饮食生殖之殊，因考辨名实而书之。松花江上的"威护"，冰雪中行驶的"法喇"，柳条编就的"呼扭"，"天厨之珍"的"哈食马"等等，其中一些物品及一些称呼直至现在仍在使用。这些具有浓厚乡土气息的记载，为吉林民俗研究提供了十分宝贵的资料。且因是亲眼所见，亲笔所书，翔实可靠，尤为难得。

行围讲武，是满族的习俗，即为"熟悉弓马，谙练队伍"，保持战斗力。这部书详细记载了狩猎规矩，军法森严，有如临阵对敌。时谚"渤海三人当一虎，女真兵满万不可敌"。与其民族特点密切相关。

这部书有珍贵的史料价值，是史志工作者，尤其是东北地方史工作者的必读书籍之一。但由于作者是处于封建帝王身边的文学侍从，因此，书中处处反映了阶级及历史的局限。对农民起义一概诬为"盗""匪"。清初对明战事的叙述，只择取一个完整战役中清人胜利的部分，而对失利则只字不提。

这部书旨在"彰君之美"，因此在行文叙事中，在材料的取舍上，在人物的评论上，都反映了这种思想。尤其是本书用了较多的笔墨记载君臣唱和，多为阿谀逢迎、歌功颂德之作。

征引赡富，是本书特点。但高氏只是照抄照录，缺乏分析考证，因此在地理、历史、职官等方面颇有传讹。

1985 年，陕西考古队在秦始皇陵的探察中，又有新的发现，将纠正"牧童遗火，宝衣一炬"的千古成说。历史的新发现也将不断纠正、补充、完善人们的认识。

　　这部书先后收入《小方壶斋舆地丛钞》第一帙和《辽海丛书》第一集。只是《小方壶斋舆地丛钞》未分上下卷，且文字多删削及改动。此次点校，以《辽海丛书》所载为工作底本，并得到了东北师大陈连庆先生及吉林师院杜逸泊先生的精心指点，在此深表谢意。

　　本书由吉林师院古籍研究所所长李澍田副教授主点，陈见微初点，夏寅生复校。由于点校者水平有限，深知舛误良多，敬请赐教。

叙一

　　余既承乏，总修明史。揽其君臣事迹，至于乘舆出入，巡幸蒐狩，尤谨书之。而其国初文渊诸臣如杨文敏、金文靖辈，率尝扈从行在，时时召语。或遇山川扼塞，立马论议，于史家法，皆得备书其事，不独以为其臣之荣。凡所以彰其君接近儒者，宠之帷幄，资以腹心，虽在道途，犹其勤如此，可以为简册之光也。

　　康熙二十一年春，上东巡，省谒陵寝，翰林侍讲高君澹人实从，归则以其记载讽咏之所为，作辑录卷帙以示余。观其驰驱关塞，流连丰镐，铺陈帝业之艰难，诵述民风之勤苦，靡不言之成文，歌之成声。而出入翠旗羽林之间，行宫帐殿，有谠见之语，有赓载之歌。考之文敏、文靖诸人，所未有焉。余左右史职也，微澹人记载而讽咏之，且犹将求得其事，书之简编，藏之石室金匮之中，况乎其言之可传于后也！主上亲近儒臣，引之密勿深严之地，一时君臣感会，启沃谟猷，有外庭所不及知者。微澹人记载之文，讽咏之言，即使求得其事，书而藏之，其得如澹人之所自为言而可传于后者欤！则言之关于彰君之美，而以为简册之光者，不綦重且迅欤！

　　余既受而读其书，喜而为之序。

　　康熙二十一年九月望日，高都陈廷敬拜撰。

叙二

皇帝御宇二十有一年，武功耆定，中外乂宁，九庙毕飨，山陵用告。

于是，仲春既望，乘舆发京师。越八旬，为仲夏四日，驾归自东，臣民胥庆。维时，丰镐旧臣暨熊罴虎贲宿卫之士，与扈从者以数千百计，而汉文臣则内廷供奉、侍讲高君澹人，及侍读学士孙君屺、瞻与书三人而已。道路所经，各有记载。既归，而侍讲以所撰日录上、下二卷示余。余受而卒业，忾然以叹曰："从来扈跸朝陵，儒臣之荣遇。而跋履关塞，驰驱险狭，极乔山瀚海之雄观，循金戈铁马之旧地，稽之史乘，自昔罕闻。"

余自愧荒陋弗文，不能发为瑰玮沈博之辞，以信今而传后。

是编铺陈经曲，歌咏盛美，证事必核，辨物必详，以视中郎建宁之记，徒述威仪、明礼意者，不尤为卓绝矣乎！自永陵展谒以后，车驾巡视边徼，兼讲春蒐之礼，书偕部院诸臣被命还留都祗候。因以其间，延访故老，略睹开天肇造，筑垒誓师，与夫三路克敌之遗迹。而侍讲独从銮舆，备历松花、混同、白山、黑水诸胜，闻见益异，纪事益奇，盖有辽、金、元史志所未具载，而胡峤、薛映诸人所未尝叙录者。余览之，俯仰骇愕，恨不获一至其地，以慰宿昔海外九州之慕。而吟诵三复，目荡而心移，所得斯已多矣。

若夫行宫帐殿，顾问时殷，天章睿藻，倚席辄和，以及八旬之内，皇上奏记两宫，亲御翰札，披览章疏，秉烛夜分，凡外廷诸臣耳目所不能及者，侍讲皆一一珥笔而记之。

读是编者，上以扬圣德，下以摘国典，大以镜形胜，小以别物产，胥于是有考焉。岂特斤斤志一时陪车托乘之盛事已哉！

康熙二十二年三月既望，京江张玉书拜撰。

叙三

自古英武不世出之主，必巡行畿甸，登陟山川，审览风俗，周知民隐，一除壅蔽之习。而忧深思远之臣，又必以深居端拱相劝，戒乘舆轻发，伏辇固争。由是守成恭俭之君，闭深宫，远车马，非郊祀大典不敢出。沿及末俗，怠安自喜，日与娭寺亲昵，而贤士大夫至扞隔不相见，虽有军国大计，不过从中可否其奏而已。为害可胜言哉！

大抵为人君者，虽身居九重，必周乎四海之大，察夫万物之情，然后耳目无不达，左右之人莫敢肆其欺。则所以审处于出不出之间者，又乌可忽乎！我皇上神武睿哲，远迈前古，削平反侧，显承谟烈，驱马丰镐，躬祀山陵，所以告成功、昭祖德也。乃以今年仲春望日，六辔东巡，诸王大臣扈跸，万甲云从。特命内廷供奉、翰林侍讲高君参行幄，朝夕上前，不离马首。所过山川、郡县、厄塞、要害之地，必与侍讲抚今追昔，究论兴衰治乱之由。而咏怀古迹，流连景光，则亲洒宸翰，用纪名胜。侍讲必倚马磨盾以和。如告祭三陵，则有诗。望祭长白山、医巫闾山，则有诗。过盛京旧宫，则有诗。吊夷齐庙及吕翁山，驻跸山海关、大凌河、望月辽城，载游千山，皆有诗。御制诸篇，外廷小臣不可得而见也。所及见者，侍讲奉和诸作与赐侍讲一绝句云：

六御东巡海上回，夜深怀古帙重开。秘书日日随行殿，玉勒前头珥笔来。

观此，则知君臣赓和之美，一时遭遇之荣，虽古人殆有所不及矣。当大驾之东巡也，自京师至奉天，抵乌喇虞村，往返万有余里。中间所举大典礼，则告成陵园，柴望山川，宴劳诸臣于奉天宫门外，百戏具陈，恩赉普遍。又以馀闲射虎于山，渔鱼于渊，行围讲武，威加远迩。计其时月，出以仲春，入以仲夏，不过八十日事耳。六龙驭风，神迅莫测。所过，市肆不移，禾麦无恙，又赐租释罪，欢动远迩，何其盛欤！

呜呼！后代端拱之朝，席安枕怠，身不出乎宫闱，目未睹乎禾稼，间或銮舆一出，必征兵衷甲，重围密布，翠华郑重，日移数里。国势日就孱弱，武备不讲，而大事以去，不重可叹哉！

侍讲读书览古，从来强弱兴亡之故，灼有深鉴，故于关河边腹之间，广搜前史，旁及山经地志，历历记载，用彰我皇上英武远略，垂戒于万世者实大。岂仅以诗词夸雄丽也！然其篇章典博，已与宸翰相辉映，天下后世必传诵于无穷，岂予株守一经者所得测识乎哉！

扬州弟汪懋麟拜撰。

叙四

　　翰林院侍讲、钱唐高君澹人，以康熙二十一年春，扈从天子东巡，告成功于三陵，归成日录二卷。其友朱彝尊受而读之，作而曰："古者君出，史载笔，士载言，盖必有文学之臣从。周之蒐于岐阳也，时则有若史籀为之诗。汉之狩于方岳也，时则有若班固，有若崔骃，有若马融为之颂。不惟是也。昔唯叔之宝鬲鼎铭曰：'唯叔从王南征'，叔邦父之簠铭曰：'用征用行，用从君王'。凡获与扈从者，至铭之彝器，以永厥世，期以铺扬盛美于无穷，自古然矣。君侍禁闼久，亲见圣天子命将四出，诛除不庭，授方略于万里之外，宵衣晚膳，不自暇逸。君亦未尝息偃休沐。一日弛威，弧戢天戈，疆宇悉定。辰旗星罜，有事山陵，从容豹尾之后。赓天章，答顾问，惟君实侍左右。君之遇亦荣矣！虽然踰山海而北极乎松花之江，荒途深淖，车漴而马蹶，羽林材武之士盖有不胜疲乏者，君以一书生，执鞭靮，日夜随侍帐殿不少后。又以馀力拜飏赋咏，考山川之阨塞，览战争之迹，访金源宫阙所在，证以旧史，至残碑断碣，靡不摩挲读之。非有倍万人之才者能之乎！天子命君侍从，允为得人。君之所记，方之古铭诗无愧，其可传于后无疑也。爰请镂诸板，以为载笔载言者法。"

　　秀水弟朱彝尊拜撰。

自序

泰畤、汾阴，扬生之赋扈从，岱宗、梁父，应氏之纪登封。但随豹尾之班，得载兔毫之管。恭逢皇上，神武息兵，孝思尊祖，既羽干之治化，必俎豆以昭虔。铙曲扬休，升歌九庙，椒馨报本，展谒三陵，游复道之衣冠，荐精禋于匕鬯。于是关山迢递，沂源穷长白之灵；丰沛经过，望气识巫闾之镇。千旗万乘，粲以成章；七萃八神，布而杂沓。道路之所跻涉，轮蹄之所往还，健若天行，疾如电发。四千里外，华胥若水之区；八十日中，太乙钩陈之列。乃有臣朔陪车，孙通仗策，随身笔研，近侍銮舆，载路旌旃，独携书卷。乘内厩之马，蹑景追风；给尚膳之餐，珍羞玉粒。自维单素，获睹威仪，既邀不世之荣，宜著非常之典。顾志阙辽左，文献无征，跸警康衢，闾阎难问，惟就见闻所逮，约略志之。总其时物，参以前史，公私两载，逐日成编。蔡中郎述礼上陵，以示学者。金文靖记行北辙，传在艺林。以臣不文，方之增愧。缮本既就，题曰《扈从东巡日录》云。

康熙二十一年壬戌五月望日，内廷供奉翰林院侍讲臣高士奇谨序。

扈从东巡日录卷上

内廷供奉　翰林院侍讲　臣高士奇撰

　　康熙二十一年正月十七日，上谕谕[1]礼部："比年，以逆贼吴三桂背恩反叛，扰乱地方，仰荷祖宗在天之灵，默垂庇佑，克奏荡平，应躬诣山陵展祭，以告成功。前初闻捷音，即诣孝陵行礼。兹奉太皇太后慈谕，太祖、太宗山陵亦应亲往祭告。随命议政王、贝勒、大臣等会议，金谓事关大典，允宜举行。今拟即谒太祖、太宗山陵，虔申昭告，用展孝思。应行事宜及需用各项，著各衙门速行备办。尔部即遵谕行。特谕。"次日，钦点随从诸臣，臣士奇供奉内廷，例当扈跸。友人宠斯行也，得赠行诗若干首。

　　翰林院学士兼礼部侍郎张英一首：

　　峰连长白影嵯峨，送子东随警跸过。万骑云屯看渤海，三春冰泮渡辽河。龙门史笔登临助，燕国诗篇扈从多。圣主恩深丰沛日，属车常和大风歌。

　　詹事府詹事兼翰林院侍读学士沈荃一首：

　　频年宿直居中禁，此日东巡扈翠华。路远青山森木叶，江连黑水涨松花。六龙过沛思弘烈，七乘随骖属大家。漫咏皇华持节去，巫闾北望渺云霞。

　　国子监祭酒王士禛一首：

　　翠华闻喜出萧关，扈跸名高法从班。万骑羽林随豹尾，几人玉斧侍龙颜。风云自护长陵邑，王气遥连木叶山。共道千城赐牛酒，羡君载笔属车还。

　　左春坊左赞商兼翰林院检讨徐乾学一首：

　　才子趋丹禁，承恩历岁年。曾随云辂出，再奉日车旋。辽海看绵旷，桥陵拜吉蠲。圣情欢宴镐，庙略重巡边。石砮征时古，牛鱼入馔鲜。三韩风尚朴，百济地形便。下马时挥翰，行围亦佩鞭。白山明霁雪，黑水积寒烟。欲续虞衡志，将搜宛委编。层霄天语切，行殿主恩偏。还辂逢朱夏，怀人写碧笺。榴花午日谶，景物正清妍。

　　翰林院编修陆棻二首：

　　万骑临辽海，连云柳岸长。山围灵寝绿，花点御鞍香。委珮趋轮殿，赓歌继柏梁。空惭留滞者，相忆紫游疆。

滦江春水阔，谁念旧征袍。此去乘阳令，相看喜建麾。月深龙幄酒，风颭锦川桃。翠盖登长白，铭碑属绿毫。

翰林院编修杜讷一首：

才雄倚马随仙跸，豹尾云中第一班。东出榆关应赋海，北经华表自铭山。陵园地迥风烟阔，丰沛春深草木闲。帐殿频年书盛事，缥囊又满属车还。

翰林院检讨毛奇龄四首：

朔卫严清跸，东巡简从官。持衣陪万乘，橐笔侍三坛。仗扈龙骧远，江回鸭绿还。丰人鸡犬在，弥望即长安。

御路通澄海，銮舆狩盛京。挼天流汉藻，计地出秦城。班借千山影，诗题五国名。长杨劳圣眷，早有射熊情。

豫动迎花垒，春深暗柳旗。敷文颂鞈韅，前史著高丽。墓吊张金事，歌传来护儿。十三山下驻，回首一相思。

才子膺供奉，皇恩逮近臣。百神黄道合，二月翠华春。铁岭追仙校，凌河少冻人。杏花山畔发，看点属车尘。

翰林院检讨严绳孙《南浦》词一首：

披香侍从，镇朝随，宫漏暮宫鸦。忽报翠华春豫，紫塞度银沙。千里旌旗簹野，簇鸡翘，五色乱云霞。趁六龙飞处，极天红雨，江水泛松花。　　还忆凤城三五，共华灯，明月醉天家。此际长杨羽猎，独自骋妍华。行矣青门鞭影，度关山，新柳万行遮。待归来，又是翻阶红药梦天涯。

纂修明史主事汪懋麟一首：

古之英主每巡狩，八骏腾骧出天厩。有时仓卒不载书，即以儒臣置左右。东马严徐何足论，少室山人有匡救。宣公所遇非所期，札子连篇苦烦檓。吾爱侍讲学问醇，内殿深严达宵昼。宫中草木且不言，何况筹边与平寇。以此敬慎九重喜，密敕飞笺必亲授。诗书陈说当几筵，笔札淋漓上袍袖。功成治定告宗祖，不为蒐苗猎园囿。诏令侍讲参龙驹，曰惟汝才足先后。春云如盖长白高，春水如油鸭波皱。外藩君长争来迎，海凤天吴杂文绣。欢呼一日三列围，殪得黄羊与青兽。特取上杀献陵庙，较胜含桃供钉餖。日斜鼓角还御营，一骑封章更宣奏。古来勤政如此稀，好向辕门待星宿。

大理寺左评事高层云四首：

春深花信递吹寒，黄屋东临地轴宽。太乙神祇歆九庙，钩陈羽卫肃千官。直卑汉祀登梁父，还轶周禋礼泰坛。玉殿词臣重扈跸，建标天阔出三韩。

辽阳北抵开原路，形胜依然紫气深。大漠惊沙来滚滚，重关怒马去骎骎。

十三山外凌丹障，廿四屯边望黑林。为忆振衣云汉表，频看染翰惬宸襟。

寝园亿载闷风霆，隧道松楸翠黛扃。势接锦城通窈窕，垠连铁岭入青冥。平琮荐瑞回神睐，方鼎升庖协地灵。独谢封泥勤典祀，侍臣谁复草云亭。

铙歌莫奏上之回，过沛横汾气壮哉。万里直教天马至，四楼曾笑野鹰来。宫中自舞云门乐，塞外新添驻跸台。酒伴共期疏竹下，试探束笋问新裁。

纂修明史监生、支七品俸黄虞稷二首：

骎骎羽骑翙飞龙，丰镐耆人望九重。日月高瞻新斗极，风云犹护阳尧封。山川乍向图经见，淳朴还疑太古逢。独美词臣能扈从，属车载笔纪从容。

圣主东巡帝里遥，芳春扈跸敢言劳。千山雪净齐驱马，四海波恬正建霖。帐殿恩深亲赐馔，行宫昼永独挥毫。宸游几度随仙仗，多少天香染绣袍。

候选知县沈皓日《征招》词一首：

露浓仙掌重门晓，早宣属车陪驾。踏遍草芽香，笼青丝天马。鸡翅看插罢，便飞到、十三山下。艾帐收时，御炉烟起，宫袍谁卸？　云里近龙颜，边墙外春岚翠螺如画。待诏赋新诗，听金铃鹰架。将离花已谢，算安石榴、开归也。梅黄雨、绿暗西窗，好剪灯清话。

国子监例监生沈嶙《永遇乐》词一首：

凤阙双开，龙池九曲，住邻琼岛。容我轩窗，疏帘静几，花底春风扫。朝衫晓整，院莲晚撤，一刻余香吹送。计三月、樽前尘尾，依玉自惭多少。

忽传扈跸，便闻骊唱，秣马西华草草。纸养芙蓉，笔装翡翠，打点封山稿。秦松汉柏，祀诸陵罢，能几词臣同到？算归路长杨赋就，又新句好。

钱塘县学生蓝深《御街行》词一首：

春明门外长杨路，五色云边赋。花鬃躞蹀试轻蹄，惹得软红吹度。夕阳天畔，征衫料峭，金辔频回顾。　何须更到蓬山去，咫尺仙鸾护。清宵帐殿数鸡筹，此际共烧莲炬。玉关人远，词笺十样，教翠环收贮。

二月十五日癸巳辰时，上率皇太子亲辞两宫毕，由东长安门出东直门。百官集午门跪送，卤簿设东直门外五里。臣士奇得从豹尾班后，诸王及八旗禁旅以次行，旌旗羽葆，络绎二十余里，雷动云从，诚盛观也。学士臣张英、编修臣杜讷送驾至郭外。臣英时已得请南还，于上马前叩辞。念臣士奇与学士臣英自康熙十六年十二月十七日同时入直大内南书房，接步随肩，将及五载，晨夕无间。一旦南北分携，马上言别，不禁黯然。

道出孤山，在通州城东四十里，四面平旷，一峰挺然。《水经注》云："濡水又东北迳孤山南"，即此是也。

驻跸采果营，月色甚佳，帐殿清肃，恭成《纪事》一首：

昨岁宸游奉起居，春风又喜宿周庐。征人不唱关山曲，史笔难成封禅书。凤阙看来云尚近，龙城数去路还纡。遥思芸阁簪花侣，碧瓦朱楹夜月虚。

甲午，马首东骞，微风振斾。过三河县，县近七渡、鲍丘、临沟三水，故名三河。旧城在今治东三里，被水冲废。后唐长兴三年，卢龙节度使赵德钧改置于此。元礼部郎中王约有重建三河讲堂记，亦以县城创于后唐明宗云。驻跸贤渠庄。

乙未晓行，云气未开，盘山岚翠，缥缈不辨。颇忆去岁暮春，扈从出喜峰口，道经蓟野，赐游竟日。崖壑峻嶒，林木茂密，时有细泉出峭壁下，溅溅草石间，自作溪声。精舍禅房，岩栖谷隐。净业庵在山林蔽荟中，更为幽远。私念旅食长安十六七年，幽寻罕遘，何时高卧北窗，枕上看山，万虑伏息，斯为最乐。今乃遥睇山阿，似托浮云谢客，可一叹也。亭午微霁，过别山，山巅三垒尚存，土人云是前朝防秋墩瞭之所。驻跸玉田县城东。按：玉田，古无终国。无终山在县治西北四里，一名翁同山。《搜神记》载：有阳翁曰雍伯，雒阳人。于山下汲水作义浆，行者皆饮。三年，有人就饮，遗以石子一升，使于高平有石处种之。徐氏者，为右北平著姓。有女，人多求之，不许。雍伯试求，徐氏笑其狂，乃云："以白璧一双，当可为婚。"雍伯至种石处，得白璧五双，徐氏大惊，以女妻之。今水中白沙，玉工取以治玉。

丙申，驻跸丰润县城西。自玉田至此八十里中，地多汀渚。时有凫鹭，飞鸣上下。麦陇稻塍，畦塍绣错。志称马头山、华山诸胜，未得一登。是夜，云黑无月，周庐幕火，望若繁星也。

丁酉，驻跸王家店东北，滦州界也。春寒甚厉，拥絮不寐，袭以重裘。思沽村醪饮之，夜深不可得。

戊戌，驻跸卢龙县范家庄北。地皆沙碛，微风骤起，则惊尘扑面。上泛舟滦河。至孤竹城，城方广无几，中有夷齐庙，殿庭廊庑毕备。史称伯夷、叔齐不食周粟，饿死首阳山。按书传所载，首阳山凡五，各有按据。庄子曰：首阳山在岐山西北。马融曰：首阳山在河东蒲坂，华山之北河曲之中。曹大家注《幽通赋》云：夷、齐饿于首阳山，在陇西。戴延之《西征记》云：洛阳东北首阳山有夷齐祠，今在偃师县西北。《说文》云：首阳山在辽西。若《山海经》所载首阳之山，其上多金玉，无草木。《毛诗·唐风》：采苓采苓，首阳之巅。《汲冢琐语》曰：晋平公至于浍，见人乘白骖八驷以来，狸身而狐尾。问师旷，师旷曰："其名首阳之神，饮酒霍太山而归，见之甚善。"则河东蒲坂之首阳山，当为夷、齐采薇处，其余或同名者。今瞻拜庙貌，皆服冕旒，非其志也。庙后清风台，高据悬崖，平临滦水，长松翠柏，交荫台侧。隔岸小山有孤竹君庙。大小沮水出两山间，与滦河合流，渔人网罟，时时集此取滦鲫。径尺鲜鳞，一方珍味，京师争购，以入食单。恭和御制《夷、齐庙》诗：

　　史迁著列传，夷齐乃居首。慷慨念声施，青云期不朽。砥行与立名，兹言亦藉口。敝屣视千乘，身后复何有？西山云耻周，北海亦避纣。抗怀天地间，踽踽绝侪偶。遐尚渺畴昔，凭吊歊童叟。附会采薇迹，洛阳或陇右。适来孤竹城，庑宇崇丹黝。摄衣历虚堂，俨然肃冠绶。白日黯阶除，寒烟生几牖。寂寂荒祠春，顽懦咸奔走。粤稽祥符中，加以侯封久。古人如有知，一笑同刍狗。借问墨胎祀，奚若芳踪寿。猗欤清且仁，千秋良独守。

　　己亥，渡滦河，经永平府城南。永平，古孤竹国，秦汉时为右北平地。李广曾守北平，夜出见虎，弯弓射之，没羽，比明，乃知为石。今府城东南十五里，峰峦峭拔，下多溪谷，射虎石其遗迹也。驻跸抚宁县城西。

　　庚子，过抚宁县，郭外多乔木，参差睥睨。经渝关驿，为唐之渝关，去山海关六十里。以渝水名，故又曰临渝关。纲目所载，唐太宗征高丽回，从飞骑三千人驰入临渝关，道逢太子进新衣，即此地耶？午后，微雨清埃。驻跸二十里铺。夜听海潮声，殷然鼙鼓，意甚慨慷。念古人抱书挟剑，从军万里，号为壮游。今环宇澄平，六龙巡幸，所过皆丰沛之地。臣忝列侍从，蒙恩更渥，此又千载一时。勉哉此行，敢惜况瘁耶！

　　辛丑，出山海关。关本元时迁民镇。故明中山王徐达守燕，相度地形，筑为关隘。门通一线，雉堞两重，北山南海，四塞险固。上顾臣士奇曰："山海为畿辅第一雄关，前代竭天下征输以供兵戍之用。我朝定鼎燕京，内外一家，关门清晏，无所用其险矣。"臣士奇奏曰："臣闻前代自万历以来，君臣晏安，将帅失和，其治边以能名者，不过修缮城壕，多筑墩堡。粮饷徒致虚糜，兵马全无核实，恃山海、居庸、紫荆等关为门户。而党锢纷争，生民日蹙，流寇李自成以乌合之众，一呼京师不守，险之不足恃也明矣。皇上求治不遑，惟务修德，又能远鉴前失，社稷苍生之福也。"

　　关西平野，即我兵破李自成处。出关数里有姜女祠，祠前土丘为姜女坟，望夫石在其侧。昔秦皇包并六国之后，命将蒙恬堑山堙谷，筑长城万余里为北界。殚役骊山，银海金凫，为万世计。迨陈涉一夫作难，秦祚亡灭。牧竖求羊遗火，宝衣一炬，不若姜女荒祠、片石千载矣。

　　是日，行围桦皮山，皇上亲射三虎。皇太子年甫九龄，引弓跃马，驰骤山谷间，矢无虚发。见一虎，射之立毙，万人仰瞻，莫不震颂。自此，每合圈时，射虎甚多，不能尽纪。

　　驻跸王保河。奉观御制《山海关》诗。恭和进呈：

历代称重险，相沿置内边。喜峰沙气拥，碣石海云连。壁类千丁凿，门容一箭传。讵知龙跃日，应是鹿亡年。赤羽飞军垒，黄花捲戍烟。绸缪终失守，爕伐迅乘权。永奠鳌为极，长披锦作川。休哉清晏久，扃钥自天然。

又题《姜女祠》诗二首：

海畔荒祠对夕曛，苔痕深浅上罗裙。三千斗尽阿房宠，那得人传姜女坟。

咸阳原上早飞灰，玉匣珠襦事可哀。争似空山一抔土，香魂犹作野花开。

壬寅迟旦，海日欲出，朝烟变幻，散若绮霞。接顾之顷，焱然四彻。海光浩淼，极目无际。昔荀中郎羡在京口登北固山望海，云："虽未睹三山，便自使人有凌云之气。"今东临碣石，近指扶桑，觉蓬莱、方丈隐隐欲出也。父老言："桃花岛峯峰孤屿，遥峙海滨，前朝海运必泊艘于此。"然相去已复不知其几千里矣。是日，驻跸中后所。

癸卯，驻跸宁远城西。宁远河在西北山谷间，南流至城西，合为二派，环抱城郭。三首山在城东二里，三峰相峙，状若人首，上有渟泉，四时不竭。宁远城倚此为固。明宣宗时始分广宁前屯、中屯二卫地。于曹庄汤池北置宁远卫，属辽东都指挥使。康熙三年，改为宁远州。城中居民比屋，梵刹华整，祇树相望，塔碑可辨，多是前朝镇帅所建。

甲辰，驻跸锦县杏山西七里河。是日，上行围。所过松山、连山、塔山、吕翁山，皆太宗文皇帝用武之地。昔文皇帝屡攻锦州及松山、杏山等城未下，崇德六年八月，复率大兵自松山、杏山至敖忻河南山驻营，绵山亘海，横截大路。明总督洪承畴、巡抚丘民仰、总兵王朴、李辅明、唐通、白广恩、曹变蛟、马科、王廷臣、吴三桂等共率骑兵四万、步兵九万，计十三万人，营于松山城乳峰山之上。文皇帝先遣诸贝勒大臣各以精兵伏于杏山、连山、塔山及沿海诸要路。亲率数骑，相视情形，往来指挥，立马黄盖下。明将士望见，悉战栗胆丧，以为战则力诎，守则粮匮，合谋夜遁。我兵发伏追击，尽破明兵十三万于吕翁山下（去松山三四里许），陆地杀敌五万有余，自杏山迤南沿海至塔山一带，赴海死者以数万计，浮尸水面，如乘潮雁鹜，与波上下。我兵止伤八人及厮卒二人耳。承畴、民仰等仅以残兵万余，退保松山城。我兵复于松山四面，掘壕三重困之，一夕而成。惟三桂率其部下三千人遁去，馀俱溃散。明年正月，遂破松山城，生擒承畴、民仰、廷臣、变蛟及祖大寿[3]等。未几，杏山、塔山诸守将亦以城降。至今经过其处，沟壕壁堑，历历在目，而松山城堞尽毁，惟遗址宛然。仰见文皇帝神谋睿略，犹令人敬慑天威，叹帝王自有真也。

恭和御制《过吕翁山》诗：

风霆迅扫六师移，高垒星罗指顾宜。此地孤军衔白璧，当年合队卷朱旗。

层沙直眺三关迥，列石回看八阵奇。正喜普天消战伐，文孙亲历颂开基。

　　乙巳清明，忆昔人所云马上逢寒食也。关塞地寒，草甲未拆，依依短柳，色变微黄。上憩小凌河，河水澄澈。初闻雷声，细雨旋霁。暮渡大凌河，驻跸东岸。大凌河去锦州四十里，明宣宗时，于河侧增置中左千户所，与锦州为犄角。锦州者，以城西有锦川水，故名。我太宗文皇帝天聪五年秋七月，闻明总兵祖大寿与副将何可刚等率山海关外八城兵修筑大凌河城，昼夜督工甚力，因议举兵攻之。兵分两翼，围大凌河城。射书城中，招大寿降。大寿抗命，屡战未克。文皇帝令我兵伪为锦州援兵，距大凌河城十里，各执旗帜，向锦州驰逐扬尘。大寿果信为援军至，率兵出迎，为伏兵所掩击，踉跄入城，闭门不敢复出。越数日，明遣太仆卿、监军道张春、总兵吴襄、钟纬等统马步兵四万来援。渡小凌河，即掘壕，列车盾枪炮，军容甚盛。明日，文皇帝率两翼骑兵直冲敌营，敌不为动。两军接战，炮若轰雷，矢发如雨。我右翼兵突驰张春营，敌兵稍挫，吴襄及其副将桑阿尔寨等先奔，馀仍坚壁以待。我左翼兵避敌炮矢，不从汛地冲击，亦踆右翼兵进，遂破其营，截杀四十里。方两军鏖战时，文皇帝遣人于敌营东发大炮火箭。突有黑云起，且大风向我军，敌乘风纵火，势甚炽。及既逼我阵，天忽雨反风，敌仓皇失措，被焚死甚众。我兵复扼其归路，尽歼之。阵获张春及副将张弘谟、杨华征、薛大湖等。惟春不屈，但求速死，文皇帝义之。冬十月，令阵获各官以己意为书召大寿。会大凌河城内粮绝薪尽，军士皆杀修城役夫及商民为食，析骸而炊，又执军士之羸弱者杀而食之。援兵不至，大寿方议降，独何可刚不从。大寿令二人掖出城外，就我诸将前斩之。可刚颜色不变，含笑就刃。城内饥人，争啖其肉。大寿遂降，文皇帝待之甚渥。十一月，纵大寿入锦州，令其献城，以厮卒二十六人随行。大寿至锦州复叛。崇德六年，命郑亲王济尔哈朗、武英郡王阿济格、贝勒多铎等以大兵围锦州，每城一面，驻立八营，逐营俱掘深壕，壕畔修筑垛口，两旗中间，又掘长壕界之，近城设逻卒哨探，如是者年余。及松山破后，锦州城内粮食俱尽，至人相食。大寿战守计穷，始率众出降。至今过望锦水，犹疑是唐宗美良川、宋祖清流关也。康熙元年，以锦州为锦县，属奉天府。四年，增设锦州府，县属府治。是日，恭和御制《驻跸大凌河》诗：

　　云梢羽盖夜停銮，古渡春冰望里看。岁月已休新战鼓，山川犹记旧征鞍。天高漏转千屯肃，野旷星连万幕寒。睿藻横汾真不美，微臣珥笔和应难。

　　丙午，过杏山，驻跸闾阳驿。是日，会闱题名录至，奉命取阅是科会试天下举人中式金德嘉等二百名。按《金史》，闾阳本辽之乾州广德军，以奉乾陵，故名奉陵县。天会八年，废州，更名闾阳，有凌河，有辽景宗乾陵。今则驿舍荒凉，居民鲜少。遥望十三山，峰峦挺拔，且时逢改火，节候惊心。因忆去岁清明扈从马兰峪，今岁又在此处。遂赋《念奴娇》一词以寄兴云：

年华几许，怎芳春两度，不曾怜惜。古戍黄云嘶马去，客里又逢寒食。冷雨攒衣，颠风掣帽，俄顷前村失。瓦垆松火，恁时尽，也消得。　　凝想水国繁华，画裙罗扇，处处喧歌席。柔橹呕哑花影外，绿腻葡萄千尺。异地今朝，伤心杨柳，才露些儿碧。十三山下，伴人一片穷石。

丁未，晓雾溟濛，咫尺不辨，行乱山中，意谓不能见医巫闾山色也。顷之日出。经广宁城。按《辽史》，为显州奉先军上节度，本渤海显德府地，辽世宗置以奉显陵者。东丹人皇名倍，小字图欲一作突欲，辽太祖长子，让位于弟。性好读书，平生爱医巫闾山水，购书数万卷，藏兹山绝顶，名望海山一作望海堂。世宗因为建陵，萧太后合葬焉。中作影殿，制度弘丽，其后世宗亦葬于此。金时升为广宁府，改军名镇宁，置节度。天德二年隶咸平，后废军，隶东京。明改为广宁卫。康熙三年设广宁府，附郭为广宁县。四年废广宁府，以县属锦州府。城南庐舍略存，城北皆瓦砾，惟李成梁石牌楼尚存，镌镂表构，亦极人工之巧。医巫闾山在城西五里，昔虞舜封十有二山之一，即幽州之镇也。其山掩抱六重，又名六山。上有桃花洞，又有圣水盆，三水悬崖下滩，虽冬不冰。仙人岩、飞瀑岩、北镇庙在山下，吕公岩在庙内。金蔡太常珪有诗云："幽州北镇高且雄，倚天万仞蟠天东。"又云："但在林梢看鸟背，不知身到碧云中。"今从马上仰首，见岩岫青翠，于辽西诸山中，独饶奇秀。闻有蝌蚪碑，惜未得摩崖一读也。板桥河发源此山有二，其一流迳卫城北，其一流迳城南，俱东南合芦沟河及双峰河入海。有唐文皇屯兵旧垒，在城东南三十里。东风作寒，急雨催暮，夜更变雪。驻跸广宁县羊肠河东。《辽史》有羊肠河，隶始平军，源出白云山，即此。是日，奉观御制《望医巫闾山》诗。恭和进呈：

云根结鳌岫，削成千芙蓉。马头望盘郁，干霄不数重。挂流飞白练，插石罗青峰。前有拱揖状，疑列大夫松。有姚即辑瑞，岱华同时封。秩祀先群神，精禋继六宗。星轺今四遣，回盼驻仓龙。烟霭若图画，陪游豁襟胸。

又得《倦寻芳》词一首：

才晴便雨，试暖翻寒，禁烟时候。一抹泥金，烘染夕阳林岫。叹韶光，随逝水，莺花转眼成辜负。数邮签，凭茫茫过尽，羊肠人首羊肠河、人首山，途所经也。

西湖曲、钓矶无恙，买片春帆，欲归难骤。何处封侯，几度陌头杨柳。忆得今宵灯烬暗，小窗曾梦辽西否？乍听残，五更风，乳鸦啼又。

戊申，冒雪晓行，天寒如严冬。骋望数十里，绝无村落，平川旷野，如万顷银沙，或高或下。少焉雪霁，云影零乱，回顾医巫闾诸山，积素晴岚，别是一境。驻跸滚脑儿。

三月朔己酉，驻跸白旗堡。地多雉兔，无源水。新凿百井以供行营，缏长泉浅，殊苦不给。

庚子，驻跸辽河，又名句骊河。河西为辽西，河东为辽东，源出鞑鞡北诸山中，经涂山至洪州崖头牛家庄，出梁房口入海。河上有小城，名开城，本朝初定辽时所筑。是日，上渔于句骊河，获鱼甚多，遍赐扈从、诸王、大臣、从官、侍卫有差。行营虽无斫脍具，然锦鳞泼剌，无不烹鲜者。

辛亥，驻跸永安桥。先是，从沈阳至辽河百余里间，地皆苇泥洼下，不受车马，故自广宁至沈阳，向以辽阳为孔道。太高皇帝初定沈阳，命旗丁修除叠道，广可三丈，由辽河一百二十里直达沈阳，平坦如砥，师旅出入便之。叠道外，仍多苇泥。永安桥去今奉天府三十余里，侧有新碑，纪修除叠道之工，屹然在望，土人名为大石桥者是也。

壬子，凌晨微雨[4]，车驾过盛京城中，卤簿尽设，观者填塞道路，咸颂太平天子。是日，谒福陵、昭陵毕，复入城观旧时宫殿。谨按：天聪十年丙子夏四月，内外贝勒、文武群臣以征服朝鲜，混一蒙古，兼获玉玺之瑞，宜上尊号，以顺民心，劝进再三。太宗文皇帝重违众意，降旨许可，仍有益勤国政，恪共乃职之谕。于是具仪注择吉，于四月十一日乙酉，祭告天地，受宽温仁圣皇帝尊称，建国号为大清，改元为崇德元年。朝贺礼成，颁诏大赦。定宫殿名，以中宫为清宁宫，东宫为关雎宫，西宫为麟趾宫，次东宫为衍庆宫，次西宫为永福宫。台上楼为翔凤楼，台下楼为飞龙阁。正殿为崇政殿。大门为大清门，东门为东翊门，西门为西翊门。大殿为笃恭殿。东牌坊为文德坊，西牌坊为武功坊。大殿之侧，东西各创五亭，为诸贝勒大臣议政之所，规模弘整，华而不侈，俭而合度。仰窥文皇帝经营创业，有典有则也。皇上御制《过旧宫》诗一首，臣士奇恭和进呈：

倚天层构势穹窿，山海群输景物雄。丰水君王周卜世，沛宫父老汉歌风。金楹玉碼云常蔚，绣桷丹甍雪始融。拟赋东京须十载，凭临早已动宸衷。

驻跸盛京城东北。按：金、辽古为幽、营二州之域，春秋战国并属燕。秦置辽东、辽西二郡，汉因之。武帝拓朝鲜地，增置玄菟、乐浪、真番、临屯四郡。其时县邑甚多。晋以后，慕容氏据之。历隋至唐，入高丽、渤海，至辽、金建都，州县之数，倍于前代。元时已有名存城废者。明初，罢州县置卫，益与前制不同，即史文亦多阙略。今奉天府本明之沈阳中卫，及定辽中、左、前、后、东宁、海、盖、铁岭、三万、辽海十一卫地，属辽东都指挥使司。顺治十四年，设奉天府于盛京城内，领州一、县五云。

癸丑，谒祭福陵，在盛京城东二十五里。山形迤逦，初不甚高。入大红门，地忽弘敞，山势峻拔，磴道层折，深邃高耸，幽窅莫测。玉衣石马，赫若神灵，佳气乔林，郁葱五色。自殿外望之，则百水回环，众山俯伏，群趋争赴，拱会朝宗，洵天建地设，为亿万年之神丘也。驻跸盛京城内。

甲寅，告祭福陵。礼成，皇上御制五言排律十韵。臣士奇恭和进呈：

遥岑开碧甸，迭嶂拥珠宫。祀典千秋右，巡行二月东。回瞻苍蔼合，俯瞰曲流通。地是排云上，天因列柱崇。干戈今载戢，玉帛旧来同。式廓邻岐业，长贻镐雒功。升磬昭圣武，执瓒展宸衷。两序陈弘璧，诸藩抚大弓。坛壝当太乙，草树迈新丰。仰答开基远，勤劳有圣躬。

是日，天气晴暖，惠风和畅，念学士臣张英欲于此日登舟南去，遥赋《送行》诗六首：

望衡对宇五经春，玉蛛桥头蹑后尘。何意高情谢太傅，暂将山水乞闲身。
关山三月柳初黄，遥想离筵饯一觞。悔却东郊天仗下，马蹄分处太匆忙。
同日叨趋侍从班，忽随六辔度渝关。相思只隔句骊水，已送云帆一片还。
白玉螭头殿角西，朝朝退直话山栖。君今一枕华胥梦，不用披衣听晓鸡。
细草如茵燕子飞，桃花水涨忆渔矶。龙眠山下溪流阔，谁信春来放艇归。
兰舟桂桨去迟迟，行尽残春花落时。好趁江南梅子雨，银刀斫脍合莼丝。
驻跸盛京城内。

乙卯，谒祭昭陵，在盛京城北八里许，山非陡峻，而规模爽朗，阜接岗连。下临城阙，雉堞楼观，无所不见。平川广陌，水汇沙明，延首闳宫，云霞蒸驳，松柏丛骈，丰沛老臣尚有鼎湖之恸也。驻跸盛京城内。

丙辰，告祭昭陵。礼成，皇上御制五言排律十二韵。臣士奇恭和进呈：

龙蟠依斗极，凤蒍豁群方。野气青环拱，山形翠远扬。丹洲虞瑞启，赤伏汉符长。盥涤逾三纪，安全遍八荒。玉衣先协兆，石马渐开疆。报本弘规辟，迎神雅乐张。诒谋绥率土，孝治格穹苍。复道松为垺，丰碑藓作房。观瞻何限喜，舞蹈有如狂。殷室歌来享，周庭颂我将。銮仪传彩仗，羽卫列军厢。愧立鹓鸾末，欣闻剑佩锵。

是日，赐诸臣宴于盛京大清门，奏乐陈百戏，恩赐有差。既告成功，复宣大赉，非惟汉廷角抵，实则虞阶羽干，观瞻者无不抃舞云。驻跸盛京城内。

扈从东巡日录卷下

内廷供奉　翰林院侍讲　臣高士奇撰

丁巳，銮舆发盛京。过抚顺旧堡，败垒蓁莽中，居人十余家，与鬼伥为邻。惟一古刹，塑像狰狞，未经焚毁。炉香厨火，亦甚荒凉，过之黯惨。时闻惊风，虎尾欲竖。抚顺在奉天府东北八十余里，前朝版图尽于此矣。驻跸琉璃河。

戊午，皇上行围过洼轰木汉语为铁背山。崇山巨阜，岈崿横云。磊磊石崖，连续不断。浑河汤汤，一线围绕。薄暮，策马涉河，河流甚驶。月色如昼，行十余里，至萨尔浒山名，山势雄峻。侍从老臣为言："昔我太祖高皇帝初建义旗，筑城其上，开辟疆土。攻破抚顺，俘其游击李永芳。明总兵张承胤率兵来战，我兵斩之于清水沟，声势大震。明遣经略杨镐、巡抚李维翰及总兵刘𬘭、马林、王宣、杜松、李如柏分四路进兵。如柏出清河，松出抚顺，兵次浑河。半渡，我军决上流，涌断明兵。复潜发其后车火药，以全寨精力设伏洼轰木，与松大战。松没于阵，宣等死之，如柏全师而遁。乃乘胜攻开原、铁岭二卫，不俟俄顷，百雉俱亡，林及佥事潘宗颜、副将黄钺以下皆死之。𬘭自牛尾寨堵截我军，战于马家寨，我军退一百二十里，坚壁相拒。高皇帝遣人佯张抚顺军旗帜，传言'杜将军战胜，来合兵'。𬘭未及擐甲，遽令开营。我军骤入，以五千人合围，自巳至酉，𬘭力不能支，面中一矢，又戳一刀毕命。有刘招孙者，𬘭帐下卒也。负𬘭尸，手挟刃与我军相格，亦被杀。于是，我军遂乘破竹之势，攻陷沈阳卫，进兵辽阳。辽抚袁应泰合西北浙蜀之兵，列大营于城外以御我军，我军佯为不胜，使惟怯者尝之。明兵矢石将尽，乃麾精锐，蒙重铠，策劲骑以冲之，明兵即鸟兽散。惟西蜀石柱土司女将秦邦屏所统者，计不顾返，力战死之。兵薄辽阳城。应泰列铳于睥睨间，自置一大铳在城楼上，身处其中，不济，将以身殉。未几，发铳火反内炎，铳手先毙，乘城者群哗，士卒皆溃，应泰乃发所自置铳雉经于楼上。我军入城，御史张铨被执，不屈而死，遂定辽东。壬戌之春，渡三岔河，攻广宁城，与明兵战于河上。明兵大溃，克广宁城，经略熊廷弼、辽抚王化贞以数骑走。"

尝考明季以来，骤加辽饷至八百余万，竭天下之财，以奉东北一隅。不惜数十万金，增募戍卒，未收片甲之用，而兵食两诎，人民离怨。皆由文武不和，镇抚二臣旋遣旋罢，如同奕棋，遂致士气日索，河山失守，可为殷鉴。

我太祖高皇帝崛起海西，经营草昧，百战百胜，克创丕基。臣士奇以愚陋竖儒，幸叨扈从，遍历关山，得睹太祖、太宗创业之艰难，且得访闻当时攻取之鸿略。赫赫神武，此殆天授，非人力也。爰约略恭纪其事，以志不朽云。驻跸札凯。

己未，告祭永陵。大雪弥天，七十里中，岫嶂嵯峨，溪涧曲折，深林密树，四会纷迎。映带层峦，一里一转，时时隔树，窥见行人，远从峰顶自上者下，自下者上。复有崖岫横亘，岭头雪霏云罩，登降殊观，恍如洪谷子"关山飞雪图"也。陵后，山气郁葱，树木丛茂。兴京相去十余里，城址尚存。昔周太王迁于岐山，开有周八百年基业。兹山地脉深厚，气势蜿蟺，殆我朝之岐山耶！臣士奇奉观御制《告祭永陵》诗，恭和进呈：

陟巘环流转万层，天开一径入园陵。五丁凿后山容舞，千顷奔来水势腾。雪色远迎仙仗过，松枝低拂玉舆升。郁葱王气钟烟霭，谟烈于今奕叶承。

是日，仍至札凯驻跸。

庚申，皇上以谒陵事毕，欲巡视边疆，远览形胜，省睹祖宗开创之艰难，兼讲春蒐之礼，因率诸王、大臣、侍卫东行。自此入山，诘曲登陟，无复斥堠，但以马行记道里。行幕晓起，念是日谷雨，汲山泉煮所携龙井茶啜之。盖西湖之水，以虎跑为最，两山之茶，以龙井为佳。谷雨前，高卧山中，采茶旋焙，时汲虎跑泉烹啜，香清味冽。入都以来，此事久废，今于绝塞，聊记佳辰耳。驻跸嘉祜禅。

辛酉，行万山中。春雪初融，地多泥淖，马蹄跋涉，登顿为难。时见千嶂嶙峋屹立天际，涧底寒冰，春深未解。唐人所谓"只今河畔冰开日，正是长安花落时"也。老古洞在悬崖下，洞口如户，可容二人。内为石室，壁石隐然有罏瓶状。西通十余步，东可里许，复露天光，有如悬镜。前有河流，乱石多具鸟兽禽鱼之形。旧为老虎洞，近易今名。驻跸曾家寨。

壬戌，过哈达城，城在众山间，弹丸地耳。材木獐鹿，甲于诸处。每合围，獐鹿数百，常开一面释之。我朝行围讲武，使其习熟弓马，谙练队伍。每猎，则以随驾军密布四围，旗色分八部，各以章京主之，分左右翼驰山谷间，逾高降深，名曰围场。惟视蓝旗所向，以为分合，有断续不整者，即以军法治之。章京服色亦随本旗，惟御前侍卫及内大臣得穿黄褶。

行围之法：以镶黄旗大纛居中为首，圣驾在大纛之前，按辔徐行。两翼门橐相遇，则立而不动，以俟后队渐次逼近，谓之合围。缇骑环山，旌旄焰野，狐兔麋鹿散走围中，或皇上亲射，或皇太子射之，亲王、大臣、近侍非得旨，不敢在围中发一矢。兽有出围者，方许扈从诸人捕之。亭午，就山阳张黄幄尚食。一日凡两合围，约行八九十里。遇虎，则皇上亲率侍卫二十余人据高射之，无不殪者。若虎负嵎，则遣犬撄之。犬不畏虎，随吠其后，或啮其尾。虎伏草间，犬必围绕跳噪，人即知虎所在也。虎怒，逐犬出平陆，人乃得施弓矢。更有侍卫数人，持枪步行，俟虎被逐中箭，必怒扑人，随势击刺之，亦无不殪者。昔人谓虎豹在山，其势莫敌，今乃搏之甚易。月余以来，杀虎数十，前代所未有也。驻跸哈达河。

雨晴山碧，圆月当空，坐听行漏，夜深不寝。作《笛家》词一首：

鱼尾捎残，兔华生满，遥天淡泞，薄云忽送疎疎雨。黑山不断，银砾无边，柳阴谁插，青青如许。碎叶当城，倡条踠地，宛似笆篱护。计征途，几千里，此夜偶随落絮。　　最苦、沙场当日，玉龙按曲，万叠关山，白雁题书，一绳乡路。冷落、著尽铁衣人老，若个刀镮归去。我今何愁，毡车茸帽，静把更筹数。烧炭兽，炙黄羊，况有泻壶湩乳。

癸亥，道经柳条边，插柳结绳以界蒙古。南至朝鲜，西至山海关，有私越者，必置重典，故曰柳条边也。关口砦堡[5]，居人十余家，名耿家庄。出此为宁古塔将军所辖，荒山古碛，道弗不行。驻跸鹘鹰坡。

甲子，驻跸庚格。白草黄云，渀漫一状，牧人遗火，野烧横烟，顷刻异观矣。

乙丑，上谕："以时方春深，禽兽孕育，围中禁射牝鹿。"仰见皇上仁民爱物，何处不廑圣衷哉！所过山岭十余，高卑互倾，短长相接，老树稠生，连冈蔽涧，立马崇峦，暮云千里，不堪回望也。驻跸库鲁。

丙寅，皇上万寿节，诸王、大臣、从官皆诣帐殿前行礼。风日晴和，天开瑞旦也。道傍始见春色，稚柳摇青，柔荑结绿，偶有会心，诵苏子卿"随时爱景光"之句。驻跸三丸山。

丁卯，驻跸夸兰山。河山渐平衍，细河屡渡。有蒲，濒水丛生，枝叶如柳，长不盈寻，用以作箭，不矫作而坚，董泽之蒲不能及也。

戊辰，驻跸阿尔滩讷门，由开原至乌喇驿道也。自嘉祜禅至此，罕有人径。地湫湿黑壤，落叶积雪，穷年相仍，渐成淤泥，深者二三尺，浅者尺余。两山积水，沉滞不流，色如铁锈，溅衣则赤，土人谓之"红锈水"。山谷之间，淀水渟潴，积草凝尘，积尘生草，新者上浮水际，腐者退入淤泥，游根牵惹，累累成墩，马踏其上则不陷，失足则堕水，下马步行，庶免蹉跌，土人谓之"塔儿头"。

己巳，驻跸塞木肯河。小阜横连，细流萦绕，新增驿道，徙奉天流人居此。作《流民叹》：

将军重武备，旷野开新边。再徙境内民，跋涉戍寒烟。摇落早无家，何堪更远迁？驱驰数百里，囊底无一钱。裹粮日不给，锄锸多弃捐。空山绝四邻，豺虎时盘旋。伐木营板屋，粗具两三椽。连朝雨复落，举室无安眠。寡妻病哀瘵，丁男衣不全。有地皆榛荆，手足徒胝胼。长子被官役，辛苦恒经年。鹄面向行客，欲语先涕涟。云自江南来，未谙严寒天。微躯历患难，异域谁见怜。闻有宽大诏，归梦犹迢遭。藜藿免饥饿，性命聊苟延。哀哀叹茕独，乡信难为传。

庚午，雨行四十里，陂陀微上，树有断行，一山已尽，一山复来，登顿疲劳，不知日暮。驻跸黄河。

辛未，宿雨未霁，行五十里，驻跸萨龙河。夜分不寐，偶成扈从杂记诗四首：

漠漠荒陂路不分，千山立马对斜曛。彩旄时杂岩前树，黄繖遥飞岭外云。出队狐狸人共逐，合围麋鹿自成群。扬雄羽猎无能赋，后乘空惭托圣君。

关山日落解征鞍，祇讶重裘客里单。浅草围中看射虎，平沙洲上候停銮。人迷暮雨归营晚，马惜障叶平泥渡水难。边地萧条风景别，今宵有梦到长安。

旷野春深日驭迟，猎场近远奏先知猎场先遣侍卫看定，前一夕书谍头签奏明。凌晨清跸齐分队，薄暮安营各认旗。飞鞚金衔驰狗监，离绦绣帽脱鹰师围中鹰犬各有专官主之，犬以朱缨金环饰其项，牵者系之于足，见兽则出。蹴纵之鹰以绣花锦帽蒙其目，擎者绾绦于手，见禽乃去帽放之。新翻艳谱天鹅曲旌门铙吹，多奏海青捉天鹅曲，偏向回中静夜吹。

东风花信总无凭，灌木丛条望眼凝。结靷行踪遮洞壑，褰裳去路绝沟塍。山寒未减深春雨，硐冷常存隔岁冰。努力驱驰人尚健，三千弱水念何曾。

壬申，雨初霁，行五十里，长岭连卷，古木致密，时有湫隘处。驻跸苏敦。

癸酉，行七十里。乔林被陂中，有杏树高可三四丈，老干槎枒，红芳半缀，方谓异域苦寒，已辜韶景，繁葩细萼，忽到眼前，欣然色喜，马上赋《金缕曲》一首：

绝塞山无数。动羁愁、马头雁底，黑云黄雾。挤得今年春草草，落尽垂杨柳絮。知道是、东君留否？蓦地花开横小阜，据吟鞍、错认江村路。吹几点，洗红雨。　　天斜似解怜人语。问春风、玉门关外，绿何也度？嫩蕊秾香空艳冶，不见蝶围蜂舞，只惹却、晴丝牵住。已断青旗沽酒店，待踟蹰、画角频催去，摇鞭影，日亭午。

将至乌喇鸡陵，皇上乘銮舆，率皇太子及诸王、大臣、从官至江干，望长白山行三跪九叩礼毕，鼓吹入城，驻跸将军署内。按：长白山在乌喇南六百里，峰峦绵亘，山巅有潭，南北五里，东西八里，渊深莫测。南流为鸭绿江，北流为混同江。《唐书》列传有马訾水，出靺鞨之北，色若鸭头。《水经》云：大辽水出塞外白平山，东南入塞，即此山也。元人叶隆礼《辽志》亦云：长白山在冷山东南千余里今按：长白山在冷山西南六百余里，白衣观音所居。其内禽兽皆白，人不敢入，恐秽其间，以致蛇虺之害。黑水发源于此。旧为粟末河，辽太祖破晋，改为混同江。

皇上以祖宗发祥之地，曾遣侍卫裹粮往探其胜，春发秋还。具言岩壑清竦，松柏翁郁，固灵仙之窟宅，山岳之神秀也。今国家有大典礼，必遣使臣祭告，每于此望祀焉。

奉和御制《望祀长白山》诗：

神区当紫极，毓秀敞珠宫。典祀云亭外，灵祇陟降中。黑河流不尽，青海气遥通。封禅宁劳颂，升歆拜舞同。

甲戌，雨，驻跸乌喇鸡陵。又因造船于此，故曰船厂。江即松花江，满言松阿喇乌喇者是也。松花江源出长白山湖中，北流合灰圾江至海，西流合混同江入海。《金史》名为宋瓦江。康熙十五春，移宁古塔将军驻镇于此。建木为城，倚江而居，所统新旧满洲兵二千名，并徙直隶各省流人数千户居此。修造战舰四十余艘，双帆楼橹，与京口战船相类。又有江船数十，亦具帆樯。日习水战，以备老羌。伊车满语以新为伊车满洲居混同江之东，地方两千余里，无君长统属，散居山谷间。其人勇悍，善骑射，喜渔猎，耐饥寒苦辛，骑上下崖壁如飞，每见野兽踪迹，蹑而求之，能得潜藏之所。又刳木为舟，长可丈余，形如梭子，呼为威忽，施两头桨，捕鱼江中，往来如驶。皇上以德抚之，渐归王化，移家内地，被甲入伍，隶宁古塔将军及奉天将军部下，亦有入京为侍卫者。

乙亥，冒雨登舟，溯松花江顺流而下，风急浪涌，江流有声，断岸颓崖，悉生怪树。江阔不过二十丈，狭处可百余步，风涛迅发，往往惊人。晚际云开，落霞远映，山明水敛，凤舸中流。驻跸大乌喇虞村，去船厂八十余里。按：乌喇即辽时宁江州混同军观察兵事，属东北统军司。《金史》：太祖克宁江州，降移炖益海路大弯照撒等，败辽兵于婆剌赶山，趋达鲁古城，进攻黄龙府，遂克显州。则宁江州在当时亦属要地。元灭金，设军民万户府五，分领混同江南北。明初内附，后复各分其地。我太祖高皇帝攻取乌喇地为我有。山多黑松林，结松子甚巨。土产人参，水出北珠，江有鳣鱼，禽有鹰鹘、海东青之类，兽有麋鹿、熊、豕、青鼠、貂鼠之类，颇称饶裕。其市以银布，不以钱。其居联木为栅，上复以板，复加以草，墙壁亦以木为之，污泥其上。地极苦寒。屋高仅丈余，独开东南扉，一室之内，炕周三面，煴火其下，寝食起居其上。

虽盛夏如京师八月时。地宜稷、宜谷、宜稗，三月播种，八月获刈。盖三月之前地冻未开，八月以后陨霜杀草，计于耔与涤场时，不过四月有余。不施粪溉，不加耕耰，可足终岁之用，土膏肥沃可知。虞村居人二千余户，皆八旗壮丁，夏取珠，秋取参，冬取貂皮，以给公家及王府之用。男女耕作，终岁勤动，亦有充水手挐舟，渔户捕鱼，或入山采桦皮者。其食甚鄙陋，其衣富者不过羔裘、纻丝、细布，贫者惟粗布及猫、犬、獐、鹿、牛、羊之皮，间有以大鱼皮为衣者。

珠蚌生支江山溪中，人于五六月间入水采老蚌，剖取最大者充贡。其色微青，不甚光莹，亦不常有。但清水急流处色白，浊水及不流处色暗。亦往往有得细珠者，不敢私取，仍投水中。然总不及南海之珠珍而且多。

采人参者言：于春中生苗，多在背阴湿润处。初生小者三四寸许，一桠五叶。四五年后，两桠五叶，未有花茎。至十年后生三桠，年深者生四桠，各五叶，中心一茎，俗名百尺杵。四月有花，细小如粟，蕊如丝，紫白色。秋后结子，或七八枚，如大豆，生青熟红，自落。采之之法：以四月及七月裹粮入山，其草一茎直上，独出众草，光与晓日相映，则刨取其根，一窠或四五歧，或二三歧者，种有紫团、白条、羊角等名，惟黄润坚实、俗名金井玉阑者，体实味甘，斯为最胜。然秋冬采者坚实，春夏采者虚软，故今采参多在七八月云。

貂鼠喜食松子，在深山松林中，一名松狗。有黄、黑二种，紫黑色者，蔚而不耀，尤为难得。其窟或土穴，或树孔。捕者先设网穴口，后以烟熏之，貂畏烟出奔，即入网中。又有捕貂之犬，嗅其踪迹所在，守而不去，伺其出啗之。此貂皮、人参之利，居人藉以衣食，故《金史》亦称其地为富庶云。

丙子，驻跸大乌喇虞村。是日已立夏矣，景风不至，尚服重裘。乌喇故城，方广数里，土墙四面，中有一台。落日登临徘徊，寓目江岸，瓦屋数间。信步访之，题曰"保宁庵"，佛殿三楹，左右僧寮各三间，住僧为江宁人，虽不识文字，而对客恭谨。献茶乞诗，为题二绝句于壁：

野寺荒寒江水滨，门前寂寞长荆榛。经过莫漫伤歧路，幸是天涯扈从人。

我来异地逢春尽，才见花开一两枝。蔓草孤村人迹断，乡心遥与白云期。

丁丑，驻跸大乌喇虞村。是日，上欲往观乌稽，因雨不果。访之土人，云喇平声母乌稽在松花江东可百里许，一曰小乌稽。乌稽者，汉言大林也。中皆乔松及桦、柞树，间有榆、椴。鳞接虬蟠，缨山带硐，蒙密纷纠，白昼晻曋，霜旦叶凋，略见曦月。树根乱石，礌砢错落，疑无道路，车马过此，为之踌躇，为之屡顾矣。人参生椴树下，翠蕤绛实，烂然灌莽。间行者，穿林之东隅，自厄黑木站至喇伐木站，西东四十余里，皆林径也，喇伐东行六十里曰昂邦朵红，朵红者，渡口也。又东四十里曰塞入声赤乌稽，树稠道峻，倍于喇母，仰视天日，窔辽如在洞穴中行。渡六十里，始得平原，相传呼为大乌稽者是也。又东四十里曰曷木逤逻。其东北二百余里有小白山，岩岫嵚巇，冰雪夏积，疑即宋洪忠宣公皓所徙之冷山也。忠宣《松漠纪闻》亦云："冷山去宁江州百七十里，地苦寒，多草木，至八月则倒置地中，封土数尺，复其枝干，季春出之，否则冻死。"自曷木逤逻东行百里曰乌黑法喇，有巨石黑色，横亘十余里，车马经其上作硁硁声。传云："下有海眼也。"又二十里曰必喇汗，必喇又七十里曰沙林，东南十五里曰火茸城，金之上京会宁府也。按《金史》，上京路即海古之地。国言金曰按出虎，以按出虎水发源于此，故名金源。取建国号，称为内地。天眷元年，号上京。海陵贞祐[6]二年迁都于燕，削上京之号，止称会宁府。大定十三年复为上京，领节镇四、防御一、县六、镇一。旧有会平州，天会二年筑，契丹之周特城也，后废。其宫室有乾元殿、庆元宫天会十三年建、辰居殿、景晖门天眷元年建、敷德殿、延光门。又有寝殿曰宵衣，书殿曰稽古。又有明德宫、明德殿，金熙宗享太宗御容之处，太后所居也。凉殿，皇统二年构门曰"延福"，楼曰"五云"，殿曰"重明"。东庑南殿曰"东华"，次曰"广仁"。西庑南殿曰"西清"，次曰"明义"。后东殿曰"龙寿"，西殿曰"奎文"。复有"时令""泰和""武德""薰风"等殿，"兴圣"金德宗所居、"永祚"金睿宗所居、"光兴"金世祖所居等宫。正隆二年，命吏部郎中萧彦良尽毁宫殿、宗庙、诸大族邸第及储庆寺。大定二十一年，复修宫殿，建城隍庙，以甓束其城。按出虎水侧建皇武殿，为击球校射之所，云锦亭、临猗亭为笼鹰之所。今其遗址渐致湮没。吴江吴兆骞《天东小纪》所载，火茸城广四十余里，中间禁城可里余，三殿基址皆在，碎碧瓦棋布其上。禁城外有大石佛，高可三丈许，莲花承之，前有石塔。向东小欹出大城，而西则芰荷弥渚，逶迤绵渺，莫穷其际。渚间有亭榭遗迹，岂当时之阙庭苑囿耶！闻之兆骞曰："自沙林而东八十里为宁古塔，临江而居，以木为城，地极寒，八月即雪，度清明冰乃解。人劲勇，重信义，道无拾遗，人不敢私斗。官民相习，狱无枉系，宛然有陶唐氏之风焉。自宁古塔东行六百里曰羌突里噶尚，松花、黑龙二江于此合流。有大土城或云五国城。或云朝鲜北境近宁古塔者，有安置宋徽钦故城在山顶。"《南烬纪闻》言：二帝初迁安肃军，又迁云州，又迁西沔州，又迁五国城，其地去燕京三千八百余里，西上黄龙府二千一百里。此城乃汉将李陵战败之地。今以他书考之，地里远近不甚相合，姑备载于此，以俟后之考者。

四月朔戊寅，驻跸大乌喇虞村。日暖风恬，客怀休畅，江烟洲草，晴景历历。得家信，知老母康健，白云子舍，欣慰私衷。

己卯，驻跸大乌喇虞村。暮雨翻盆，江昏云黑，客舍篝灯，淅沥终夜矣。

庚辰晨兴，细雨犹零，流云未歇。泛舟江中，草舍渔庄，映带冈阜，岸花初放，错落柔烟，似江南杏花春雨时，不知身在绝塞也。上渔于冷枥，是产鳠鳇鱼处，去虞村又八十里。冒雨晚归，驻跸大乌喇虞村。

辛巳初晴，驾发自大乌喇虞村。舟行二十里，风雨欻至，骇水腾波，江烟泼墨，舟楫觥觫不能行，急就岸停泊。

因念幼稚家居，八月望夜，登吴山绝顶观钱塘江潮。月色横空，江波静敛，悠悠逝水，吞吐蟾光，澄澈如练。顷焉，风色陡寒，海门潮起，月影银涛，光摇喷雪，白浪奔飞，声撼山岳，使人毛骨欲竖。语云："十万军声半夜潮"，良不诬也！松花江有潮不怒，但过眼惊心，身共水天飘泊，此际沉吟，尘心顿尽。过午，风色稍定，牵揽甚缓。又二十里登岸，觅牛车上下山崖间，泥滑难行，至船厂漏下三十刻矣。赋《水龙吟》词以纪之：

晓峰新翠飞来，锦帆半渡春江楫。恰才回首，碧罗天净，弱云微抹。咫尺苍茫，狂飚骤卷，怒涛喷雪。讶盆翻白雨，松林转黑，红一线，雷车掣。

如此风波怎去！急回船渡头刚歇。野炉争拥，征衫未燎，薄寒犹怯。辽日遗墟，金源旧事，断垣残堞。有当年献纳，埋钱满瓮，听渔人说本朝初年，有渔人于江岸掘得宋钱一瓮。

驻跸乌喇鸡陵。

壬午，驻跸乌喇鸡陵。烟霭连江，积阴不散，乍晴乍雨，顷刻迷茫。信知变幻无常，阴晴难料，世态如此哉！

癸未，驻跸乌喇鸡陵。上赐镇守诸臣筵宴，赏赉有差。方赐宴时，雨晴日出，宴毕复雨。

甲申，江雨初晴，銮舆晓发，回望山腰树杪，白雾喷薄，犹含湿翠。行百二十里，渡萨龙河，驻跸。河流不甚阔，方当山溪暴涨，浮梁难支，浩瀚弥漫，急湍如箭，小舟竞渡，自暮达晓。

乙酉，渡英儿门河。河本细流，以久雨故，遂成大川。上亲理舟楫，扈从诸臣得利涉焉。驻跸英儿门。去此百五十里，有大金壮金史作庄义王娄室墓神道碑，高八尺八寸，宽四尺五寸，厚二尺二寸，顶高三尺，上镌："翰林院直学士、中大夫、知制诰兼行秘书监少监、虞王府文学、轻车都尉、太原郡开国伯、食邑七百户、赐紫金鱼袋王彦潜撰文，奉上大夫、大名府路兵马都总管判官、飞骑尉、赐绯鱼袋任询书丹。"额篆"大金开府仪同三司、金源郡壮义王完颜公神道碑"。其文备载娄室攻克黄龙府、白水泺及与宋军战于太原、氾水、蒲、解、富平、延绥之功，与经史所载无异。末云："卒于泾州，归葬于济州东南隩。"按《金史》：隆州下，利涉军节度使，古扶余地，天眷三年改黄龙府，为济州。以太祖攻辽，大军经涉，不假舟楫也，置利涉军。大定三年，嫌与山东路济州同，更名贞祐。由此考之，则英儿门亦属黄龙府故地也。考《金史》载，任询字南麓[7]，易州人，慷慨多大节，书为当时第一，画亦入妙。历官北京盐使，年老致仕，家藏法书、名画数百轴。王彦潜，姓名、爵里俱不载。别载王竞，彰德人，由固安令召，权应奉翰林文字兼太常博士。诏作金源郡王完颜娄室墓碑，竞以行状尽其实，请国史刊正之。后迁翰林侍讲学士，擢礼部尚书。其名其爵，与此不符。今碑文凿凿可据，亦足征《金史》之阙略云。

丙戌，山径颇幽，林峦交映，细草野花，始知初夏。驻跸黄河。

丁亥，驻跸伊巴旦。遥岑新月，野外村烟，游子多怀，览物增慨。

戊子，驻跸小雅哈河。地气稍温，草茵初碧，倦马荒途，得饱食矣。是夕，又成《扈从杂纪》诗四首：

镇城南面依江居，长白分来一派余。隔岫晓烟笼紫鼠，临流夜火打鳇鱼。招来甲士强能挽，住久流民籍未除。共说年年曾望幸，不图今日度銮舆。

复苫板屋牖低穿，土锉周通短灶烟。猿臂丁男多矫健，蛾眉少妇本便娟。三餐但煮玲珰麦旷麦似大麦而大，土人与稗米作饭，颇滑润，名玲珰麦，独桨轻操舴艋船。货殖往来惟镪布，市中全不识缗钱。

虎鞚陪游直禁营，十三通籍尽知名。御前捧牍初传奏，围里弯弓学射生。褶剪鹅儿迎日艳，翎翻孔雀倚风轻。三畋古礼升平重，漫说微行伴富平。橐笔橐书渡黑河，遐方日月又旬过。

山坳井白遗墟在，站道鸡豚旧俗讹。马给围人牵上驷，幕张宫阙载明驼扈从之时，蒙给官马五匹，随从围人一名，毡帐房一架，及一应行李，皆官骆驼驮载，专人掌之。仗前时见天颜喜，鹿尾熊蹯赐独多鹿尾熊蹯，东方佳味，官厨以此为贵。

己丑，驻跸乌鸦岭。山岚突兀，岭外云生，复愁阴雨。

庚寅，雨中过夜黑河，见梨花一树，惨澹含烟，为赋《南楼令》词一首：

浅草乱山稠，惊沙黑水流，好春光只似穷秋。刚得一枝花到眼，冷雨打，几层休。　　遥忆小红楼，玉人楼上头。月溶溶，吹和香篝。谁信东风欺绝塞，都不许把春留。

夜黑城在北山之隈，砖甃城根，亦有子城，尚余台殿故址。又一石城在南山之阳，水草丰美，微有阡陌。相传夜黑、哈达、灰法，皆东方小国，各有君长，我太祖高皇帝破之，其地遂墟。驻跸西塔克图昂阿。

辛卯，驻跸威远堡，即柳条边汛守之地，奉天将军所辖也。疆分内外，地势渐高，策马四望，顿履康庄。

壬辰，过开原县城，堞虽残缺，而叠石坚固，或云是唐时所修。按：开元，地属挹娄，唐贞观中，以其地为燕州，明皇置黑水州都督府。后属渤海，为上京龙泉府。元时改为开元路。明太祖以其地置三万卫，又徙辽海卫于此。成祖时，于城内置安乐、自在二州，并属辽东都指挥使司。康熙三年，始设开原县。是日，驻跸三道铺。

癸巳，过铁岭县，颓然一垣，仅御牛马。看花楼在东门外，明万历间大帅李成梁故园。上宇中横，板荡无存，徒四壁立，基石数层。门上一石，横尺许，纵倍之，质素而文黝，梅干俨然成株，亦一奇也。唐王营在城南十里帽峰山，东南宽平如掌，四周略有遗址。山下小河，潆洄如带，相传唐太宗征高丽驻营于此。银冈书院在城内。龙首山在城东二里许。按：铁岭，古罶州地也。《辽左旧志》有："古铁岭城，在银州东南五百里，地接高丽。明洪武初，即彼地为卫，寻徙于此。"康熙三年，改为铁岭县。懿路在城南六十里，古挹娄国故地。是日行一百四十里，所经柴河、范河一作泛河、小清河，其水皆会于辽河也。驻跸盛京城内。

甲午，驻跸盛京城内。天气喧暖，始谢重裘。

乙未，驻跸盛京城内。

丙申，上谒辞福陵、昭陵，拟于明日回銮矣。

丁酉，大营仍渡辽河，皇上驾幸辽阳。辽阳在春秋战国时属燕，《史记》秦始皇二十五年，使王贲伐燕，灭之，因置辽东郡于此。汉高帝八年，封纪通为侯国。汉末为公孙度所据，北海管宁、王烈避地，皆依之。按：度本辽东襄平人，初为玄菟吏，举有道，累官辽东太守。东伐高句骊，西击乌桓，南越海取东莱诸县，威行海外，自立为辽东侯平州牧。曹操表度为永康乡侯，度曰："我王辽东，何永康也？"藏印绶武库中，不拜。管幼安至，乃虚馆以待。宁庐于山谷，与度语惟经典，不及时事。礼让崇于海表。王烈亦有行谊，东域人多归之。争讼者将质之于烈，或半途而还，或望庐而还，愧使烈闻知也。时邴原亦同依度，刚正格物，度以下皆不能安。管宁曰："潜龙以不见为德。"乃遣原还。度死，传子康，孙渊自称燕王，建元绍汉，魏灭之。及晋陷高丽后，归慕容垂子宝。唐太宗征高丽，得辽东城，置辽州，寻弃不守。高宗时又取之，置安东都护府。后为渤海大氏所有。武后万岁通天中，为契丹奚忠所逼，有乞乞仲象者，度辽水自固，武后封为震国公。传子祚荣，建都邑，自称震王，并吞海北，地方五千里，兵数十万，中宗赐所都曰忽汗州，封渤海郡王。十有二世，至彝震，僭号改元，拟建宫阙，有五京十五府六十二州，为辽东盛国。

忽汗州即故平壤城也，号中京显德府。辽攻渤海，拔忽汗城，俘其王大諲譔。以为东丹王国，立太子图欲为人皇王以主之。葺辽阳故城，以渤海汉户建东平郡为防御州，后迁东丹国民居之。升为南京城，名天福，高三丈，设八门，幅员三十里。南为三门，壮以楼观，四隅有角楼，相去各二里。金时，以为辽阳府中东京留守司。元时，以为辽阳县。明初，以其地置定辽中卫及定辽左、右、前、后、东宁五卫，并属辽东都指挥使司。顺治十年，以辽东为辽阳府，内设辽阳县。十四年，罢府治。康熙三年，改为辽阳州。砖甃缺剥，睥睨无存。辽时故宫，亦惟茂草鼪鼯，不得过而问矣。太子河在城东北五里。《水经注》云：小辽水西南迳襄平县，为谈渊，晋永嘉中涸。小辽水又迳襄平入大梁水，司马宣王斩公孙渊于斯水之上。志云：大梁河一名东梁河，即太子河也。华表山在城东六十里，丁令威学道于此。去家千年，化鹤归来，相传谯楼上石柱即华表柱也。道观今废，有番僧居焉。驻跸辽阳城内。御制《和唐太宗辽城望月》诗。臣士奇恭和进呈：

问夜方未央，纤阿升右碣。历历白榆明，周垣象舞缀。素景烂招摇，神光逾列缺。徒倚有余清，重轮自团结。仰瞩纾睿怀，喜见欃枪灭。

戊戌，经广祐寺，博敞弘丽，中有浮图九层，去地千尺，唐刹也。后殿自来佛金像一躯，趺坐端严。相传昔年侍卫过此，佛面有悲容，两目垂泪，观者骇焉。

是日，扈跸游千山，疏雨濛濛，湿翠沾衣。辽左诸山土多石少，此独积石磊砢，礛岏骇目，峰峦丛迭，以千数计，此山之所由名也。时从断硐层崖中，见芍药一枝两枝，微馨暂拂，顾而乐焉。温泉在丛薄间，祖樾寺在谷口，林木幽秀。入山数里为龙泉寺，方丈前大石如屏，松树生石罅中，细泉出石壁下，仿佛王右丞"泉声咽危石，日色冷青松"之句。尚有大安、香岩、中惠三寺及仙人台、罗汉洞诸胜，日晡未及遍历。闻仙人台在香岩寺，俯瞰沧海，如布几席，亦奇观也。得《游千山》诗一首：

霏雨陵芳晨，轻阴散林薄。修坂被青苔，穷崖吐红药。流泉既瀺灂，诡石亦龈腭。微微仙梵声，三五列兰若。憩足惬幽赏，晚张烟翠幕。松欹云欲坠，海静潮初落。缅想平生怀，愿言遵丘壑。矧兹尘外镳，俯仰欣有托。

驻跸几荒屯。

己亥，驻跸牛庄。自辽阳至此，地多下湿，雨后泥潦，时困行旅。前史所载，唐太宗征高丽，车驾至辽泽，泥淖二百余里，布土作桥以渡。既渡，撤之，以坚士卒之心，此处是矣。时方晴霁，遂无泥淖之患。得《咏史》诗一首：

贞观昔驭宇，神武耀太平。新罗请归命，乐浪遂遄征。躬亲属橐鞬，两蔽挂骖衡。飞诏下州县，父老免候迎。经过朱蒙祠，旋出白崖城。错水复阻淖，车骑不得行。斩樵筑长道，援枹乃进兵。经略虽底定，辛苦良非轻。忆当靺鞨围，叹惜魏元成。常使千秋后，独留直谏名。

庚子，渡三垒河。按：辽河出东北小口为范河，西南流为大口。东梁河自东山西流，与浑河合为小口又曰太子河，亦名大梁水。浑河在东梁、范河之间，沙河出东南山，俱会于此入海，故曰三垒河。河通潮汐，两岸宽广，辽阳城在河东，广宁城在河西。明时，于三垒适中之地设立镇城，以为声援，后镇城为我所得，每乘河冻，东西攻克，曾无界限矣。驻跸沙岭。废堡荒凉，井渫不食，六军驻马，接淅而行。

辛丑，行百八十里与大营相遇。时将仲夏，方类春和，居人荷耒负锄，勤于农务。所种皆在垅上，虞为吹沙所壅耳。驻跸壮镇堡。

壬寅，路出十三山下。《五代史》胡峤《北行记》云："东行过一山，名十三山，云去幽燕西南二千里。"《辽史》：燕王淳讨武朝彦至乾州十三山。皆此地也。前东行时，从猎鹰窝山，仅从远处望之，未甚了了。顷策骑山岭，见十三峰互相起伏，峰势巉岩，中无尺树，绝类研山。山顶有池，池下有洞，居人往往避兵于此。金蔡太常珪诗云："闾山尽处十三山，溪曲人家画幅间。"今山下有人家无溪水矣。驻跸大凌河西。

癸卯，驻跸七里河。偶作一诗：

急水河通慢水河，关山迢递几经过。芊绵芳草无穷绿，尽向残阳落处多。

《志》云："急水河发源于万松山之五指山，南流与慢水河合，又二十里与六州河合，南流入海。"六州河者，大宁建州诸水合流为一者也。

甲辰，驻跸远城西。皇上于行殿披阅前史，示臣士奇御制《游千山》诗三首，复赐臣士奇诗曰：

六御东巡海上回，夜深怀古帙重开。秘书日日随行殿，玉勒前头珥笔来。

臣感蒙异数，恭和二首，进呈御览：

岐阳罢猎旆旌回，锦帕牙签对御开。石鼓未曾歌圣德，天章翻赐史臣来。

诗成云汉象昭回，辇路花随掞藻开。远愧永兴行秘监，钞书也自北堂来。

归行幕后，再成二首：

咫尺龙颜日几回，漏沈银箭月华开。羽林卫士周庐静，独放儒臣自往来。

山海图经万里回，览观顿使好怀开。丰京旧地行应遍，拟学长杨献赋来。

乙巳，驻跸中后所。

丙午，驻跸王保河。

丁未，将入山海关。过欢喜岭，在关东三里，一名恓惶岭，言出关者登此恓惶，入关者登此则欢喜也。

澄海楼在关西八里许，飞栋承霄，层檐接水。楼前有台，平临海岸，海水溯湃台下。初望，海水深碧，万里无波。天风忽来，殷雷四振，遥见海上银涛矗立，沖瀜沆瀁。少近岸，则玄浪飚飞，颓波云驶。登楼下望，水及衣裾。《南史》称张融《海赋》有“湍转则日月似惊，浪动则星河如覆”，其信然矣！

昔汉武帝东巡海上，方士言蓬莱诸神若将可得，遂欲自浮海求蓬莱，群臣谏莫能止。夫武帝以英明之主，惑于方士，为后人所讥笑。比者，左道朱方旦持其邪说，蛊世惑民，皇上毅然诛之，以正人心，天下称快。孟子曰:“经正则庶民兴。”足征人主好恶，关于治乱不浅。是日，捧读御制《观海》诗，实寓此意也。驻跸二十里铺。作《澄海楼观海歌》：

六龙巡狩沧海东，千骑万骑花五骢。长城既尽插泱漭，层楼更上攀穹隆。凭阑四望豁远目，惚恍灵变难周穷。胚浑太极杳无际，初看水面摩青铜。轰雷忽动势震撼，耳畔飒飒鸣惊风。碧沙腾涌银涛折，白石崭凿洪波充。回澜相磓壁矗立，飞沫互起山岿岽。荟蔚滃沃云雾集，转旋上下乾坤通。蓬莱贝阙在何所？仿佛想像沆瀣中。珊瑚为梁玳瑁础，水晶镂出冯夸宫。介鲸喷浪驾龙女，苍蛟扬鬐舞海童。吐吞螺节光闪闪，湍洼鼍鼓声逢逢。大瀛澄泓散霞绮，扶桑照灼初阳红。登州海市更奇幻，须臾台榭生虚空。停銮古岸列兰锜，华旂翠羽翻长虹。三山灵境疑咫尺，蜃楼缥缈将无同。百川朝宗会九野，缅维大禹真神功。宸游扈从广闻见，荡涤心地开尘蒙。平生壮志重登览，北历穷漠东溟濛。愧无广川赋浩汗木华，广川人，作《海赋》，鬼神笔底争毫雄。我思扬帆纵栀舟，濯足万里陵沖瀜。茫茫大块百虑集，栖托岂敢休微躬。安期乔山事荒忽，秦皇汉武心蒙蒙。旷哉坎德合圣度，纳来弘往含渊冲。

五年朔戊申，驻跸永平府城西。轻雷骤雨，顿洗征尘。天际残阳，斜悬树杪。

己酉，驻跸丰润城西。雨过平畴，风摇麦浪，百里之程，寒燠忽殊矣。

庚戌，驻跸蓟州城内。

辛亥，驾回京师。由山海关至京师，程途七百余里，皇上依恋两宫，久违定省，星夜兼程，不辞跋涉。是日，躬诣两宫，问安毕，铜龙已传点矣。臣士奇启奏谢恩，归就邸舍。

夫臣以山薮鄙儒，遭逢盛世，追随勾陈宿卫之中。八旬以来，伏见皇上于行幄亲书启牍，候问两宫，必敬必诚，久而弥笃，披览章奏，夜深不倦，所过郡邑，必问民间疾苦、水旱、官吏贤否。圣德巍巍，超轶前古，岂臣蠡测管窥所能尽述！惟就见闻所及，纪其大略，庶比古人扈从日录之义，藉以不朽，臣实幸甚。

扈从东巡附录

余扈从东行，留松花江上旬有余日。目睹土人日用饮食生殖之殊，因考辨名实而详书之，附日录后，用广异闻焉。钱唐高士奇。

亚拉挂紫

桦木箱也。山多桦木，土人取为笥，以盛衣物。如木如革，文理蔚然，不假缘采。

摊他哈花上

麻布纸也。乌喇无纸，八月即雪。先秋，捣敝衣中败苧，入水成毳，沥以芦帘为纸，坚如革，纫之以蔽户牖。

你挏哈苏姑厄图枯

鱼皮衣也。海滨有鱼，名打不害，肉疏而皮厚，长数尺，每春涨，溯乌龙江而上入山溪间。乌稽人取其肉为脯，裁其皮以衣，无冬夏袭焉。日光映之，五色若文锦。

萨喇

木板鞋也。长尺许，以皮鞁之。历雪碛峻岭，逐兽如驰。

摩母罗

木椀也。如盂如钵，斫痕粗备，荐食陈尝，无贵贱咸需之。

差非

木匙也。长四寸，锐上丰下，削木为之，燎以火使曲。杂佩带上，以代箸。

服寺黑

木甑也。状如盆，口广二尺许，底差敛于口，稜其孔以引气。置粟于中，蒸而始春，非饮器也。

猛姑戳

瓦樽也。高六七寸，腹大如缶，口小如钱，短项而鳖足。其质土，其声木。产自高丽，此方珍之，以贮芦酒。

威护

小船也。独木虚中，锐其首尾。大者容人五六，小者二三人。一人持两头桨，左右棹之，乱流而渡。

摩忽郎

烟囱也，相木之窍穴者，截如柱，树土炕外，引爨烟出之。复以筐，以避雨雪，若巨表然。

护主

木槽也，刳木如舟，可受水石许，横置爨侧，以代盆盎。

法喇

扒犁也。车而无轮，犁而有箱，载不以盈，险不以倾，冰雪时利用焉。

搽不虾喇

灯架也。取三丫树断而倒置之，一茎直立，凿以衔灯。

棱儿合得

高丽几也。平其腹，棱其缘。高可七寸，广二尺余，屈戍键之，可支可折。

石杭

木桶也。截大木，空其中，以酿酒，以腊齑。

呼扭

柳斗也。编柳条为之，用以汲泉、量粟。

牐他姑儿哈非

乌喇草也。塞路多石碛，复易沮洳，不可以履。缝革为履，名乌喇。乌喇坚，足不可裹。泽有草，柔细如丝，摘而捶之，实其中。草无名，因用以名。

他四哈阿落火

莨菪草也。茎如麻，叶小而锐，花如木棉，结实不可食，食之，令人狂走。

哈食马

拉姑，水族也。似虾有螯，似蟹无甲，长寸许，产溪间。土人谓天厨之珍，岁荐陵寝必需焉。

英莪

红草果也。结实累累如桑椹，甘好可食，丛生原隰间。或言鹦哥关多此草，遂名。传讹为英莪也。

一儿噶木克

花儿水也，因色以名。碧叶敷地，实缀叶上，浅红而鲜，望之如落花片片。

其味甘，多汁，人争食之。

乌立

老鸦眼也。干柔叶小，结实圆如珠，色紫而味酸，樵者采以止渴。尚方旧制，尝漉其汁为膏以错珍。

交乌郎

狍子尾也。菌属，巨木雨馀所蒸，含苞而毳，状若芝，味甘腻。土人闻见不出乎兽，故名。

伽尔密

蓼芽菜也。乌喇地寒，及秋即无生菜。取蓼花子湿之，覆以剉草，置炕侧燠蒸，生芽如线，色微红，其味辛辣。

诸申木克

满洲水也，满洲旧称诸申，呼水曰木克。法取蔬作虀，置木桶中，和盐少许，以水溢之，其汁微酸，取之以代醯。

飞石黑阿峰

粘谷米糕也。俗重跳神，祭品此为上献。色黄如玉，味腻如脂，颇香洁。跳神之家，主妇主爩，而男击鼓佐之，无亲疏男女环观。祭毕，杂坐分糕，如受馂，馈遗邻里，若重贶然。

詹冲努力

米儿酒也，或即芦酒。炊谷为糜，如以曲糵，须臾成酲，朝酿而夕饮。味少甘，多饮不醉。

希福百勒

稗子米也。塞田垆瘠，粳稻不生。故种黄稗，亦自芃芃可爱。需火焙而始舂，脱粟成米，圆白如珠。

妈龙腻盟

苏子油也。种若紫苏，而叶不紫，列畦如树，谷实离离。撷而舂之，炊熟置苇笼中，载以木盘，压以巨石，斗实得油数升。

虾棚

糠灯也。即谷糠油滓和以米汁附蓬梗上，状如烛而长十倍，燃之，青光熠熠，烟结如云，以此代烛。

校勘记

〔1〕"上谕谕礼部"，后一"谕"字衍，应删。

〔2〕原作"陵云"，今改。

〔3〕原作"祖大乐"，今改。

〔4〕"凌"原作"陵"，今改。下同。

〔5〕原文为"呰"，今改。

〔6〕应为贞元元年（1153）迁都燕。

〔7〕《金史》卷一百二十五作：字君谟。

附：

鞑靼旅行记

南怀仁（比利时）著　　薛虹译

南怀仁（1623—1688），字敦伯，比利时人，原名菲基南德·菲毕斯特（Ferdinand Verbiest）。1641 年加入耶稣会，1658 年与卫匡国等来华。1660年应召进京，协助汤若望修历法。1664 年发生杨光先迫害天主教徒事件，南怀仁与汤若望等被捕入狱。康熙亲政后平反此案，1669 年任命南怀仁为钦天监监副。

由于康熙对自然科学的兴趣，南怀仁得以经常谒见皇帝，进讲天文学、数学以及西方哲学、音乐，并利用这一机会向康熙宣传天主教教义。

"三藩"之乱时，南怀仁为清政府铸造了一批适合山地作战用的轻型火炮。平叛后，1682 年特旨加南怀仁工部右侍郎。

国内局势安定以后，康熙把注意力转向沙俄不断侵扰的东北边疆。1682年康熙东巡，为驱逐沙俄侵略者进行作战准备。南怀仁随从康熙东巡，写下了这篇《鞑靼旅行记》。

这篇旅行记记载了辽东沿途的风貌、庞大的随行队伍、途中的狩猎、南怀仁的宗教宣传以及对康熙个人的描述。

本文译自卫藤利夫的日译本——《鞑靼》，日译本综合了荷、法两种文本，互校补订。日译本名为《满洲旅行记》，中译从原名为《鞑靼旅行记》，并由译者加了注释。

一

今年，1682 年初，中国的皇帝处死了三名叛王，平定国内某些地方爆发的叛乱，随后，便到东部鞑靼地方旅行去了。

叛王之一，在他自己称王的地方被绞死①。另一个同他属下的那些巨魁一道解到北京，在清廷全部官员面前，凌迟处死②。那些双亲和亲属被反叛所杀害的官员

① 广东尚之信。
② 福建耿精忠。

们，参与了执行，他们亲手操刀，用牺牲者的鲜血，满足了复仇心。而叛乱的主要首领自缢身死①，把自己的生命和他所发动的七年间的战乱悲剧，一齐结束。

由此，中华帝国恢复了和平，各州又稳定下来，再浸乐于昔日和平之中，于是皇帝在 3 月 23 日，开始了到父祖的诞生地、故土之乡的辽东地方旅行。

这次巡访祖宗陵寝，依照惯例行参谒之礼，同时也是为了亲自巡视统治下的东部鞑靼，即女真方面的边疆地方。以一千步为一意大利里计算，由北京到边疆，约有一千一百意大利里（以下均简写作里——译者）。

皇帝自己骑马走在前面，其次是随驾的十岁王子②，他就是几年前册立为辽阔帝国的继承人。后面是三位主要后妃，各自乘坐镀金轿子。再后是各位王爷、朝廷贵戚、各等官员，这些人又为众多的随员和侍从簇拥着，一行总共约有七万人。

我奉皇帝之命，也参加了这一远征的行列，一路上伴随着他。一是我要用科学仪器进行观察，记载大气和土地的现象、纬度、磁针差度以及山的高度，同时，还要回答陛下关于天文、气象等的询问，因此，被安排经常在他的左右。他挑选一名官员，在整个旅行中主管我的仪器的安全运输，这些仪器是用马驮着的。

康熙把我托付给他的舅父，又是岳父③。此人无论从那方面来说，都是国内贵戚中的最高者，在这次长途旅行中，全赖他给了我无微不至的照顾。皇舅邀我留住在他的帐幕里，同桌供食，确是十分殷切。

皇帝从他的马厩中拨出十多匹马给我，其中有不少是他骑过或使用过的，也分配给我随时使用，以便我骑坐的马疲劳时，随时替换。

为此次旅行，其他官员均需自备巨额款项，而我却什么费用也没管，完全是用皇帝的费用办理的。

道路一直伸向东方，道路的近傍，左手即北侧，平行的是相当崇峻的山岳，如同锁钥一般，紧迫着直到千里以外的东方尽头。由北京到辽东州的入口处，二百九十里间，道路平坦。经过辽东州内的四百里之间，我们走的全是高低不平的丘陵和山岳，上下山很耗费时间。旅程的最后一段，都是巍峨的峻岭和深陷的溪谷，有的是需二、三日才能穿过的荒凉平野，走了五百里才到达目的地乌喇，

① 云南吴世璠。

② 皇太子允礽，康熙第二子。康熙十三年（1674）生，康熙十四年立为太子，康熙四十七年一度废黜，四十八年复立，五十一年废黜。东巡时年八周岁。

③ 康熙的岳父佟国维，满洲镶黄旗人，时为领侍卫内大臣、议政大臣。

和鞑靼人称为松嘎里、汉人称为松花的一条河流，这是我们旅行的终点地方。

辽东及其以东地方，全是山岳，为几世纪间从不知斧锯的繁密的老椴林和其他树种的森林所覆盖。间有需用几天才能通过的榛棵矮林，我除了树木如此之多外，什么也没有记忆。

这个地区，尤其是辽东以东是山连山、岭连岭。我时常站在山巅上，环眺地平线，除虎、熊、其他猛兽出没的山岳溪谷外，什么也没有映入眼帘，很少看见人家，仅有一处，在小河畔的低地上有几间矮小的草苫着的土房。

在辽东，村镇全已荒废。残垣断壁、瓦砾狼藉，连续不断。废墟上所建的房屋，毫无次序，有的是泥土夯筑，有的是石块堆砌，大多是草苫的，瓦顶的、木板圈房缘的极罕见到。

战争前的许多村镇，其遗迹早已消失。所以如此，是因为鞑靼王以微小的兵力起事，迅速地大规模地从一切城镇中强募军队，为了使士兵失去回到家乡的一切希望，把这些村镇完全破坏了事。

但是，辽东首府沈阳，是相当宽敞、优美的，作为君王居住的象征，是神圣不可侵犯的。我一而再，再而三地观测其纬度，确定为四十一度五十六分。比北京高两度。这以前，中国人和欧洲人的一切权威，都认为不超过四十一度。

在这个首府，我反复试验，指针没有变动。但我们旅行的终点，位于纬度四十四度二十分的乌喇城①，指针则自南往西偏出一度又四十分。

说得离题远了，回到我们的旅行上来吧！

二

为了使皇帝骑马、后妃们乘轿能够通行，从北京城到东边的终点，凡要经过的最偏僻的地方，全都开筑了崭新的道路。

路宽十英尺，逾山涉谷，逢河架桥，长达一千多里，尽量修筑得笔直平坦。投到道路两傍的土，堆成一英尺高的规整的土墙，立有标柱，标示里程。

道路很好地保护着，晴天如同打谷场一般光滑。为了维护道路，在皇帝和后妃们经过之前，为不准任何人经过，沿途均派人看守着。我们欧洲天主教徒为了祝祭搬运圣标，修整道路的艰苦，也不能和这些人为皇帝及皇族们

①乌喇，满语，江河的意思。乌喇城，今吉林省吉林市龙潭区乌拉街满族镇，吉林市北约七十里处。

修筑道路相比。这是皇帝每次旅行必须准备的,而且归途还必须另修一条道路。道路两侧接连不断地挂着绣龙的挂帐,很象我们的帷帐。

　　皇帝自身为了狩猎,常离开大道,在稀有人踪的山中,开辟小道前进,就是和后妃们一道前进时,他为了不损坏大道,也带着他那一队人马,离开大道前进。这样一来,皇帝走在前面,保持一定距离的后面,是带着随从的后妃们的金轿。再隔一段距离,是各位王侯,最后是官员们,按着官阶,顺次相随。最后由无数的骑马随从殿后。

　　沿途任何城镇,无法安顿这么大的人群住宿,也无法供应。而且道路多是通过前面说过的山岳和溪谷,所以一切需用品,必须随着这一行列一同运输。因之,无数的车辆、骆驼、骡、马,或是抄近道先走,或是跟在大队的后面。帐篷、寝具、食具等等,随同这一旅行行列,无法分辨,竟成为一个队伍了。

　　加之,显贵们每天都不断地换乘坐骑,皇帝用的、王爷们用的驮马,也都需要许多兵士牵着。还有准备屠宰的牛群、羊群和猪群,也一齐在两傍被驱赶着前进。虽然这一切都和后妃们要经由的道路保持了相当的距离,但是这车、人、兽相掺杂的不间断的大群,还是闹得尘埃飞扬,我们如同前进于无边际的云雾中,风从迎面或是侧面吹过来时,十五步到二十步远的地方,竟至什么也分辨不清。

　　根据里程,确定每日傍晚该抵达某地的河岸处,在堤上修建大量的小屋。

　　每天早晨,天刚亮,拆掉这些小屋,将材料运送到前站。日暮,值班官员首先为皇帝及皇族,其次为诸王百官,选择适当的野营场地,各按八旗的旗帜安排位置,这是在鞑靼战争中规定的部署。

　　就是这样的次序,我们约三个月几乎一日不停地向东方走了一千里,并且用了同样的时间回来的。

　　抵达了称作山海关的城堡,它南临海,北接山麓,这是中国著名的长城,是辽东和直隶的分界。长城起自南面的海岸,到北边高峰之麓有五呎,从那里长城沿山的坡度而上,一直连亘向西北远方的高峰上。皇帝连同王侯百官,从此每天都狩猎,为此离开大道,走在道左侧的层峦迭起的山峰,这山峰直连遥远的东方的山脉。此时,皇帝从亲卫军中,挑选出三千名弓箭武装的士兵。

　　他们按着一定的顺序和间距,列队绕着山峰,向两侧扩展,圈成了一个直径三里的环形。为了预防环形发生凸凹和间隙,统率者经常注意调整。

　　其间,连身份高贵的几个人也分布在环形队伍中,等所有的位置固定后,全体成一条线向前进。前面无论是谷涧,还是荆棘深丛,甚至是险陡的山崖,任何人都必须攀涉,不准左右串动,离开队伍。

　　就这样,横越山岭和涧谷,把兽类圈在这个环形网中,再渐渐地围到一块没有树木的低地。三里半径的圆环，缩小到半径仅有二三百步的圆环。然后各自下马（七万人全都骑马，无一人步行），步比步、肩并肩地，穷追那些从洞穴中、从栖息地赶出来的兽类。兽类东窜西跳也找不到逃路，终于力竭就捕。我亲眼看见，用这种办法，仅半日间就抓住三百多只牡鹿和狼、狐狸以及其他野兽。在辽东前方鞑靼的边陲地方，我时常看到一个时辰就捕住一千多只牡鹿和穴居的熊。这些兽类如同羊群一般在环形圈中跑来跑去找不到出口，它们自己的努力反而成了诱饵，倒了下去。

打住虎有六十多头，这是用另外的方法，使用其他武器击毙的。

三

我也奉皇帝之命，置身于这世间不寻常的狩猎的行列之中。他对我特别恩宠，把我交给了他的岳父。在猎虎或其他凶兽时，为了我的安全，他的岳父给了我很大的照应。我身无一件武器，在百官之中，得以同皇帝一道登高山、涉深谷。

这样激烈的活动后，尽管过一段时间是有些适应，但每当傍晚回到帐篷，我从马上下来，都是几乎站立不住，疲惫不堪，通夜连野营近傍的马嘶牛叫羊的呻鸣，都一无所闻，沉睡不醒。

由于这么接近皇帝的身傍，我曾屡想回避，朋友们也这样提醒过我。可是，皇帝对我表示异乎寻常的好意，确如他自己说的那样：如同他信赖的密友一般，盼我不离开他的身边。因此，我为了不引起他的不高兴，只得断了回避的念头。所有的大官们，秉承皇帝的意向，都为我而尽力。

如此九百余里距离间，一天也不停止的狩猎之后，我们终于到达了沈阳，在那里享受了三四天的休息之乐。

来自朝鲜半岛的几名朝鲜人到这里向皇帝献活海豹①。皇帝让我看，询问我，我们欧洲何书中记载了这种"鱼"？我回答说：北京我们的图书室中，

①《清通典》卷六十，"（康熙）二十一年，圣祖仁皇帝恭谒祖陵。朝鲜国王遣陪臣至盛京迎接，进贡方物：豹皮、鹿皮、水獭皮、青黍皮、倭剑、金鲹、八带鱼、大口鱼、海参、海带菜、红蛤、浮椒、白蜜、柏子、银杏、黄栗、柿子。"并未载有活海豹。高士奇《扈从东巡日录》未记此事，朝鲜《李朝实录》肃宗八年三月乙丑条，记有"沈阳问安使左议政闵鼎重"回来的报告，无贡物单。

有一册关于这种"鱼"的写生画和说明的书籍。皇帝让立即命令将那本书寄来。

我为此事，给在北京的神甫写去信，不一日便收到了回信和两本书。由于是皇帝的命令，所以用种种办法飞快地传达，又立刻取来送到我的面前。

皇帝看到那书上的画和说明，同朝鲜送来的实物完全一样，大喜，命令将这"鱼"精心地送到北京养治。

在此地休息的三日间，皇帝和皇族一同，到离沈阳不远的地方，去拜谒其祖父和曾祖父的陵墓①。

到第五天，他把后妃留在这里，开始了早已预定的到辽东的前面东部靺鞨继续旅行。如同以前，一日也不休息地追逐着野兽，横断四百里，到达了吉林——位于发源自名山长白的松阿嘎江的江畔城市。长白山在吉林南面约四百里，山巅长年为白雪所掩覆，据说高耸云上，所以名曰长白。

此山山麓或其支脉，是东靺鞨祖先的诞生地。因此，皇帝一到江畔，立刻下马，面南向山，为祭山和祭祖而三叩首。然后，乘坐金轿，在亲卫武官的簇拥中进入吉林城。

他为了让任何人都能看见自己，如同在北京的惯例一般，禁令卫兵们不准不让百姓靠近。全体人民无论男女，都以为他们的主宰是降自天上，因为，他们的眼光表明一切喜悦，是为迎接皇帝而跑来的。对他们来说，中国皇帝亲临此地，是前所未闻之事。

皇帝特别满意其臣民赤诚的真实表露，尽行撤去一切尊严的夸示，让靠近，以此向臣众显示祖先的朴素。

吉林城的居民能制造一种特殊结构的船，装上索具，能航向东北几里②，出没于这些河川之中。这种船是为了对付来吉林盗捞真珠的俄罗斯人用的。

皇帝在吉林休息两天，然后率领二百多艘船和几名贵戚，顺江到乌喇。乌喇是全州中最著名的城市，古代各靺鞨王居住之地，王宫废墟，犹可看见。他让我也参加了这一行列，由于船只所限，其余王公全都留在吉林。

乌喇是临江城市，去吉林三十二里，稍上流处盛产鲟鳇鱼。皇帝乌喇之行，是为了钓这种鱼。可是不巧昼夜连下大雨，江水不顾他的尊严继续地涨着，无法战胜水势，皇帝不能有所活动了。

皇帝在这里滞留五六日，雨依然不歇，他终于不得不返回吉林。归途中，由于一艘船在逆流中冲撞造成很大的损坏，我和皇帝的岳父，不得已，只好

---

① 祖父皇太极的昭陵和曾祖父努尔哈赤的福陵。

② 日译者注：应为几百里。

由陆路回来。

我们挤在一头牛拉的农家车上，在大雨和泥泞中，缓慢地走着，深夜才回到吉林。皇帝听了我们的冒险谈，笑着说："鲟鳇鱼把我们愚弄了。"

在吉林休息两天，时有小雨，天将放晴，我们开始了返回辽东都城的旅行。由于多日连续下雨，所谓的道路，均已不能通行，这个旅行的艰难困苦，非几句话所能说尽。短暂时间，必须横越山岳，一切溪谷都成滔滔激流，原有的桥梁全部冲毁，说来这确是如此。

在低地，水弥漫了肥沃富饶的大片田野，化为一片泥泞的池塘。骆驼以及其他驮畜，满驮着旅行用具，在泥泞中嘘喘地行走着。道路上，倒毙的畜类尸体，横躺竖卧，累累皆是，不仅有归途的，还有的是来时死的，我们带来的粮食所剩不多，由于粮食的缺乏，人们的精神和体力都受到了影响。骑马的人，多是下来牵着走，赶家畜的人们，也不得不停留几天，就地放牧，以便恢复体力。

此外，还有许多人丢掉了马匹，派了许多人先行，砍伐树木和树丛开辟道路。即使如此，还是天亮前已出发的几千骑马的人和车辆拥挤在道上无法前进。皇帝、小皇子以及全体贵戚，不得不常常在泥水中徒步前进。树枝倒在泥中，马蹄踏上很是危险。

溪谷之间狭窄小道或是桥梁，每当皇帝及身边的几个人通过之后，便发生为抢道而喧嚷，甚至于格斗，许多人掉到泥中，或被推入泥中。此次鞑靼之行，特别是东部旅程的艰难辛苦，在宫廷中三十多年的人都说，这样事还是第一遭。

四

皇帝对我的好意，在狭窄的地方，抄近道的场合，使我得到各种各样的证据。

归途的第一天，我们一行抵达一条河流，由于水位增高，实在不能徒步涉渡。恰巧，附近有一艘小船，皇帝先登上船，其次是年轻的皇子，再次是皇族中的重要人物，仅仅是这些人。其他王公贵戚百官，以及大批的随从，都留在岸上。由于夜幕来临，帐篷等一切旅行用具，在两天前已送过河去，如果此时不过河，许多人连午饭都没吃，再吃不上晚饭，实在难以露宿到天明，因此，都急不可耐地想渡过河去。正当此时，皇帝乘小船返回来，高声呼唤：

"南怀仁——这是我在这些人之间的名字——在哪呢？"他的岳父回答说："在这里呢。"皇帝立刻说："让他上船和我一道过去。"就这样，那些人留在岸上，而我渡过河去。这件事，在当夜和次日，成了那些特别为行路迟滞的大官们的话题了。

第二天又发生了完全同样的事。皇帝同昨夜一起过河的几位重要显贵一道，在正午时刻来到比昨天那条河还大的河。从白天到日落用小船将帐篷送过河去。然后，他让其他人都留在河这岸，只让我和另外几个人和他过河去。皇帝的岳父，可谓是他的重要近戚，向他表示："南怀仁住在我的帐篷里，和我同桌吃饭，因此，我也想过河去。"皇帝答道："你老不要过河，南怀仁安置在我的帐篷里，让他在那里吃饭。"

到达对岸后，皇帝和西域诸侯的两位公子，以及他宠爱的鞑靼阁老①一道坐在他的旁边。夜空晴澈，皇帝看着半圆形的天空，让我用中国话和欧洲话把主要的星一个不剩地读给他听。他通过这件事，表示他有着无限的知识。

他拿出来几年前给他制作的小型星座图表，依据星的位置说出时刻来。这样，他便在其周围的贵人面前，能夸示自己的学问而得意。

这类事，以及其他皇帝恩宠我的事例，比如他常常把他自己食桌上的食物送给我，这在人们中间，成为非常显著的事情。回北京后，国内最大的贵族两位皇叔在访问我时，曾对与我同住的神甫说："要说到皇帝对南老爷——这是他们对我的尊称——的眷顾，当皇帝情绪不好时，只要一看见南老爷，情绪立刻转过来。"皇帝的这般恩宠，确实使我减少了非常艰苦的旅行中的困难。但是，为什么竟这么殊遇于我呢？其理由我是根本不明白。

由于有了这样的助力，我安全无事地于6月9日夜半到达北京。

途中由于落马跌伤许多人，回来得很不顺利，还有不少因病而晚归来的。

（日译者注：法文系本荷尔德《中华帝国志》所载，结束于这里。）

或许有人要问，这次远征，对我们的使命来说，取得什么利益呢？对此，我的回答是：

第一，作为我，此行是受命于皇帝，不能不去。因此，我辈使命的成功和效果，谦虚地说，全要归功于皇帝的好意。

（日译者注：法文系本窦雷安《征服中国的两位鞑靼王的史话》，结束于这里。以下是南怀仁所谓我辈的使命部分，即满洲传布基督教、接受西方文化部分，是荷兰文系本维森《东北鞑靼》一书中保存下来的。）

①指内阁大学士，南怀仁是沿用明朝的称呼。

第二，我在行程所到的各地，如辽东的主城位于边疆的沈阳以及吉林，又如可以说是人类居住世界的边端乌喇，这样边陲的广阔土地上，会见了几位基督教徒，听取他们的忏悔，又为他们所传布的教徒们洗礼。如果没有这次机会，这些人是无法明了拯救灵魂的神圣方法。

在这些基督教徒中有两个人已获得学士学位，还有一人在很久以前已经取得了牧师许可证。他们居住在辽东名城开原城内。我在这个城市，只能离开队伍半日，必须继续前进，不能再多逗留。

第三，我在这次长途远征中，获得了向许多贵戚高官传布教义的机会，使他们明白我辈的使命和欧洲精神秩序的目的和性质。而且不仅限于贵戚和高官，皇族为了消磨旅途的寂寞，向我询问关于天空、星星和气象上的事情，我们航海的情况，我回答时便趁机加进关于基督教教义和信仰的知识。同时也因此，使我懂得了我辈的宗教使命和在欧洲的社会地位，同处于中国社会最下层的僧侣相比，真是天壤之别，有不少痛苦之感。

欧洲的精神阶级，从少年时代起，直到高龄，完全献身于文学和科学的领域，从事于精神性质的职业之后，成为学士[1]或是牧师许可证的考试官，在世俗方面则是医师。因此，在欧洲是僧侣，处于中国要称为"学台"，相当于学位的考试官的地位。

我把一切满含学问的欧洲书籍，翻译为中国语，以我们国内广为施行的实例，使他们了解这件事。

这样，贵族们和主要官员中的多数，才对我们欧洲僧侣有较高地位的观念。如果不是这次旅行，他们是得不到这方面知识的。

第四，在这次旅行的全部过程中，人们目睹我骑着皇帝的一匹马，看见了皇帝象在讲坛上讲演一般地来同我讨论我们的信仰，又听到了我象在大集会上讲演一样的讲话。这些人，每当皇帝经过时，没有不把注意力投向皇帝的，因而也没有一个人看不见我的，因为我站在皇帝身旁，头不低，身不抖，特别显眼。而我又蓄着长髯，穿着欧洲服装，更格外地吸引了他们的注意。

加之，几乎所有的人都知道，我不仅是遍用于中国各地的历法的制定者，而且善于传布基督教义，特别是杨光先被罢黜放逐后[2]，我向中国再输入欧洲天文学，是人所共知的。

---

①bachelor，单身汉，学士。

②杨光先，1664年（康熙三年）任钦天监，1667年以历书推闰失实罪下狱后遣戍。自此又任用南怀仁。

由于这一切，有许多人势必就基督教问题发出询问，我想其中有人是倾向于此者，也有人是看见过昔日基督教徒受迫害①，而今有如此状态，因而议论纷纭的。其结果，是我今日作为基督教徒的最高首脑，他们以曾对待汤若望神甫②的敬意来对待我。这种尊敬又延伸到托神之福与我共同从事科学研究的神甫们，他们的姓名和称号，不仅作为编者印在历书上，并且作为捍卫基督教信仰的战士而脍炙人口。

我在这里，且将曾由东鞑靼的辽东首府到吉林间的地名，依据鞑靼语，逐日地附记于此，并注明里程。

五

在东鞑靼，我们一路经由的地方及其距离如下：

第一日，自辽东首府沈阳出发，驻于琉璃河　中国里程 95 里

第二日，驻扎凯河　85 里

第三日，驻于同一名称的另一条小河　70 里

第四日，驻于嘉祜禅　50 里

第五日，驻于哈达③　80 里

第六日，驻于瞎木河　60 里

第七日，驻塞佩里河　60 里

第八日，驻库伦　50 里

第九日，驻萨贝地方或村庄　40 里

第十日，驻夸兰尼河　40 里

第十一日，驻耶尔甸耶门安巴亚　70 里

第十二日，驻伊巴旦　58 里

第十三日，驻塞因尼河　60 里

第十四日，驻伊尔门　70 里

① 指 1664 年杨光先上书禁基督教，汤若望、南怀仁等下狱一事。

② 汤若望（1591—1666），德国人，耶稣会士，1622 年来中国，清顺治朝为钦天监监正，1664 年下狱，释放后 1666 年死于北京。

③ 据高士奇《扈从东巡日录》为曾家寨。南怀仁记丢了此日。因此，以下据高书递串一日。

第十五日，驻苏敦 70 里

第十六日，到达吉林 70 里

共计一千零二十八里，即三百六十九意大利里。中国一里合几何步为三百六十步，一千几何步为一意大利里，四意大利里为一德意志里。一几何步为五英尺，普通的一步为一英尺半。

如果有人以这条路线画出旅行图来，画到辽东州的地图上，我想是很有意义的。可惜我是没有时间也不可能了。如果用卫匡国的地图^①，只要其北方纬度稍加订正，是很容易画出个略图来的。

关于我从乌喇居民那里听到的一些情况，还想附记一笔。宁古塔，是个很著名的地方，据说距离吉林有七百多华里。

从宁古塔出发，沿松嘎里江及其注入的黑龙江，顺江而下，东北行，据说约需四十天可到达东海岸，那里大概是阿尼瓦湾^②。

这是我从驻于吉林的军队长官^③那里亲自听来的。他是到过那极寒之海的。

（日译注：维森的南怀仁《鞑靼旅行记》结束于这里。但还有数行笔记式的附记，为康熙五十年之事，南怀仁陪随鞑靼之行时，康熙是二十九岁的壮年，时间不同，当然和《旅行记》没有直接关系。这个附记虽系片断，但很有意义，是稀有的文献，所以译出来仍附于后。）

关于今日君临中国的皇帝之人品，派往北京宫廷的荷兰的最后一个使节，在其日记中是这样写的：

皇帝中等人材，是位慈祥、稳重、举止端庄的人，他那威严的外表，无论从那一方面看，即使放在千人之中，也与众不同，能够立即分辨出来，这是由于他想使自己的容态和举止，让人一看便是心地高尚的人所造成的。这一点，就我所见，任何王公权贵也没有超出其上者，最低限度，他能和这些人中任何人相匹敌的。他自诞生以来，就是一位发号施令的人，又熟悉科学的许多领域，每日都致力于钻研，还要处理国务，所以他在上午和下午都定出一定的时间来，专心于学习。

这位君主，要想成为一切人的品德上的楷模，还有待于更好地信仰基督教，别无他法。可惜，他有耽溺于享乐的倾向，因之，他似乎不信仰基督教。向

---

① 卫匡国著有《中国新地图册》。

② 阿尼瓦湾在库页岛东海岸，当时欧洲仍认为库页岛为东北亚的半岛，所以南怀仁才把黑龙江河口湾，误为阿尼瓦湾。

③ 乌喇将军巴海，见《清实录》圣祖朝，康熙二十一年二月己丑条。

中国的成年人中间灌输基督教义的一大障碍是他们酷嗜多妻，和宗教思维相比，他们宁愿选择享乐。所以，罗马教神甫们说，在中国，福音只能在贫穷的民间奏效。

今日君临于中国的鞑靼族君主，年近五十岁，身材魁伟，黑黑的大眼睛，鼻子稍高，黑色的连鬓胡须很厚密，几乎没有下髯，脸上有点痘痕，普通身材。

耶稣会士李明① 曾这样描绘中国皇帝康熙的风度："据我所见，皇帝身材比普通人稍高，堪称姿态优美，比我们稍胖些，但还达不到中国人所谓的'富态'的程度。脸也稍宽，有痘痕，前额宽大，鼻子和眼睛比中国普通人小些，嘴美，颐和蔼，动作温柔，一切容态举止，都象是位君主，一见便引人注目。"

〔录自《清代西人闻见录》〕

松漠纪闻
扈从东巡日录

---

① 李明（1655—1728），法国人，耶稣会士。这段话出于《中国现状追忆录》。

"长白文库"出版书目：